樂律

U0059074

身為不敢拒絕的老好人，
總是忍不住想要討好人？
拒絕情緒勒索，
走出傀儡困局！

披上
李娟娟 著

愛的外衣

Get rid of
emotional blackmail

進行傷害

從心理學角度剖析親密關係中的**精神控制**

面對親人、戀人或朋友時，
感到莫名委屈、焦慮和憤怒？
想要擺脫對方卻又無法突破情感束縛……

目錄

目錄

目錄

前言

　　我們所受到的最深刻的傷害往往來自與我們關係最親密的人，可能是父母子女、兄弟姐妹、夫妻情侶，也可能是其他親人、朋友、同事。與一般意義的勒索不同，情緒勒索以彼此之間的親密感情為基礎，披著親情、友情、愛情的外衣；勒索者以更隱祕、更微妙的手段控制、敲詐受害者，獲得現實利益和精神滿足。情緒勒索的傷害可以是有形的，也可以是無形的，面對勒索者的操控、威脅、嘲諷、貶低，受害者承受著極大的精神壓力，內心痛苦不堪，陷入沮喪、焦慮、憂鬱、恐懼的情緒當中，甚至如同行屍走肉般，看不到生活的希望，找不到生命的意義，有的甚至走上輕生的不歸路。

　　面對親人、伴侶、朋友時，或許你也有莫名的委屈、焦慮、憤怒，承受著壓力、痛苦、傷害，想要擺脫對方，卻又無法突破親情、愛情、友情的束縛，眼睜睜地看著對方站在倫理道德的制高點上對你指手畫腳、說三道四，你卻無力反駁、無法反抗。這時，你就要冷靜地思考一下，自己是否陷入了情緒勒索的陷阱當中，這種被情緒勒索扭曲的人際關係對自己造成了多大的傷害，你又該如何跳出這樣的陷阱，讓自己的人際關係回到健康的軌道上來。

前 言

　　本書的作者援引影視作品和現實生活中的真實案例，為我們直接呈現和深入剖析了人際關係中的情緒勒索現象。作者從心理學的專業視角出發，發掘情緒勒索者與受害者的心理感受、情緒勒索的慣用伎倆和危害以及擺脫情緒勒索的策略。在我們的生活中，或多或少地存在著情緒勒索的痕跡，在人生的某個階段、某種情境、某類關係中，我們都可能是情緒勒索關係中的受害者，甚至是加害者。這本書對我們認識情緒勒索、發展良性的人際關係、培育健康的心理和健全的人格，具有重要的借鑑和參考價值。

第一章　看不見的綁架
── 情緒勒索

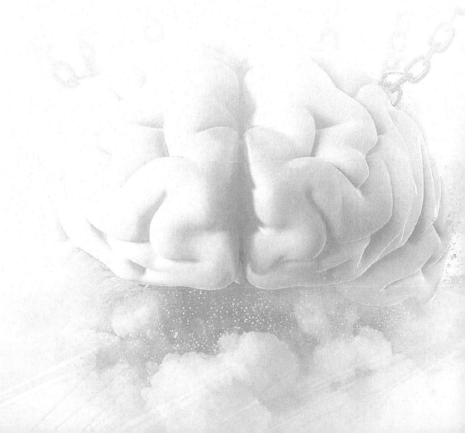

乖乖聽話的木偶人

　　電影《血觀音》講了棠家三個女人的故事。棠夫人是將軍的遺孀，一直致力於追求更高的權力，甚至不惜將自己的女兒棠寧當成色誘權貴的工具。棠真表面上是棠夫人的小女兒，實際上是棠夫人的外孫女，是棠夫人將棠寧送給權貴後生下的女兒，那時棠寧只有 16 歲。

　　後來，棠夫人下了一盤更大的棋，這盤棋的目的是幫她得到 30 億的贓款，然後打擊馮祕書長的競爭對手王院長，當時兩人正在競選主席，而棠夫人是馮祕書長的祕密情婦。在這盤棋中，棠寧是一枚十分重要的棋子，也是一枚棄子。

　　表面上，棠夫人假意支持王院長，拉攏林議員（農會會長）夫人、縣長夫人、議長特助黃小姐等人，讓她們支持王院長當選主席，還提出彌陀村開發計畫，用以支持王院長選舉。林議員於是按照棠夫人的計畫從農會挪用 30 億元作為投資，買下秀山的一塊地進行開發。按照計畫，當這塊地開發後，再以翻倍的價格賣出，最後用 30 億元填補從農會挪用的虧空，剩下的錢他們就可以分贓了。

　　安排好一切後，棠夫人私下找到報社和當記者的乾兒子，將此事曝光，於是，所有涉事官員都將面臨調查，賺錢的事自然也就泡了湯。這時，棠夫人派出棠家的殺手段氏兄弟將林議員一家全部殺死，並偽造成情殺的假象。林議員的女兒林翩翩與 Marco 走得很近，而 Marco 是林夫人等幾位貴婦的情夫，林氏夫婦一直反對林翩翩與 Marco 在一起。棠夫人利用這一點，將林氏滅門一案栽贓到了 Marco 的身上。

　　林氏一家慘死後，警方開始展開調查，事情鬧得越來越大。這時，棠夫人便讓女兒棠寧去色誘警察，同時棠夫人還買通了警察局局長。為了讓女兒心甘情願地犧牲色相，棠夫人扮演起慈母的角色來，招呼棠寧來看自己買給她的新衣服。

　　棠寧走過去，乖巧又親暱地躺在棠夫人的腿上，母女兩人溫情脈脈地聊了一會後，棠寧打開了裝著新衣服的盒子，裡面是一件性感的蕾絲睡衣，她立刻明白母親是在暗示她去勾引廖警官，棠寧臉上的笑意消失了。她一直渴望母親的愛，但她知道，想要得到這份母愛，就必須按照母親的要求去做。

　　在棠夫人心中，她的理想繼承人是棠寧，她希望棠寧能夠按照自己為她鋪好的路走下去，成為一個有權有錢的人。但顯然棠寧與棠夫人根本不是一路人，她雖然會按照母親的

要求去和男人周旋，但她同時又感到非常痛苦。自從成為母親爭權奪利的工具後，棠寧表面上是大家閨秀，實際上做著出賣肉體的事情，她一邊色誘男人，一邊覺得骯髒，因此每天都沉浸在心理割裂的痛苦之中，只能用酒精和安眠藥來麻醉自己。

後來，當棠夫人被警察帶走接受調查時，棠寧焦急不已，她立刻按照母親的要求和廖警官搭訕，並拍下兩人的床照作為威脅。棠寧知道自己只是母親的棋子，隨時準備著被拋棄。的確如此，棠夫人早就看出棠寧無法像她一樣心安理得地做心狠手辣的事情，她便開始有意識地培養自己的外孫女棠真。

棠寧不想看到自己的女兒也成為母親的工具，於是就和段氏兄弟策劃著乘船逃到緬甸去，藉此讓女兒棠真擺脫母親的控制。這時，棠夫人向棠寧打去電話，要棠寧放棠真回來，還頗有深意地說：「你們上得了船，上得了岸嗎！」原來，棠夫人早就在船上安裝了炸彈，目的是殺死段氏兄弟滅口，最終棠寧只能放走棠真，而她自己則上了船。

身為一枚棄子，棠夫人充分利用了棠寧的最後價值。她利用林議員夫人在日本的帳戶，將30億元轉到了棠寧的戶頭上，之後她利用這筆錢偷偷買了一塊地，準備大賺一筆。就算警察查到棠家頭上，也只會認為這一切都是棠寧做的。最

後，棠夫人成了最大的贏家，她不僅得到了錢，還成功將自己的靠山兼情人馮祕書長送上了主席之位，而競選對手王院長則因炒地皮的案子下了臺。

多年後，年事已高的棠夫人躺在病床上苟延殘喘，她此時只希望死亡能帶給自己解脫。但棠真不願放過她，她懇求醫生盡最大努力保住外祖母的生命，她對著躺在病床上的棠夫人說：「你一定要長命百歲，萬事富貴。」

身為一個母親，棠夫人的做法令人作嘔，她親手葬送了棠寧的一生。但從棠夫人的角度來看，她這麼做只是為了保障棠家的利益。她是將軍的遺孀，沒了將軍的支撐，她和女兒所得到的一切隨時都會消失，她只能尋找新的靠山，甚至不惜讓棠寧淪為自己謀求利益的工具。她認為自己所做的一切都是為了棠寧好，只要棠寧乖乖聽話，那麼棠寧就會變成公主一般，要權有權，要錢有錢，這些都是棠夫人所渴望的，但她從來沒有關心過棠寧是否想要這些。

實際上，棠夫人只是為了滿足自己的心理需求，因為只有權力和金錢才能帶給她安全感。她曾是將軍夫人，一直享受著權力帶來的利益，當將軍去世後，這一切都隨之消失了，棠夫人開始變得沒有安全感，於是她只能不停地追求權力和金錢，以填補這份缺失的安全感。

棠寧一方面接受母親的安排，一方面又覺得痛苦不堪，

因為她根本不想按照母親的要求去做，她有自己的心理需求，她只想得到靈魂上的安寧，活得像個人樣。但棠寧卻一直無法擺脫母親的控制，她已經被情感的繩索給套牢了，只能放棄自己的需求去取悅母親。而棠夫人的這種行為，就是情緒勒索。

所謂勒索，就是透過威脅、恐嚇等控制手段來達到自己目的的行動。而情緒勒索的控制手段則更加高明，與一般的控制不同，被情緒勒索的受害者常常難以發覺自己被控制了。

情緒勒索常常發生在親密關係之中，畢竟勒索者想要獲得成功，前提就是要具備感情基礎，沒有情感的存在，就無法對受害者進行精神控制，也就談不上情緒勒索了。在親密關係中，我們願意為了所愛之人放棄自己的一些需求，因為我們在乎他們。

情緒勒索的手段多種多樣，最容易辨別的就是以威脅的面目出現的一種，對方會直接恐嚇你，如果你不按照他的要求去做，那麼你就將面臨很嚴重的後果。例如小孩子會威脅父母：「如果你不買玩具給我，我就不吃飯。」

但大多數的情緒勒索都很難辨別，因為勒索者通常會掩蓋威脅的面目，將威脅隱藏在受害者的內疚和罪惡感之中。例如當棠夫人要棠寧去色誘警察時，棠夫人會先扮演慈母的

角色，在棠寧沉浸在母愛中時，棠夫人才提出要求。這時棠寧會抵抗，因為她不想這麼做，但棠寧的抵抗很快就被瓦解了，因為棠夫人被警察帶走了。棠夫人相信棠寧不會坐視不理，因為棠寧如果不按照她所說的去做，就會內疚，畢竟她是棠寧的母親，棠寧愛她。

在情緒勒索中，一旦勒索者向受害者提出了要求，而這個要求恰恰需要受害者做出讓步和犧牲，那麼受害者就會因不情願而進行反抗。這時，勒索者就會向受害者施壓。通常勒索者會站在道德的制高點上去指責受害者，例如說受害者是個自私的人。在這種施壓過程中，受害者會處於極大的心理壓力之下，這樣勒索者和受害者之間的較量就會變成受害者自己的內心交戰，他不想做出讓步，不想受到良心的譴責，更不想破壞這段親密關係，以至於最終選擇了讓步。

情緒勒索的本質是控制，勒索者致力於將對方變成乖乖聽話的木偶人。對於受害者來說，他們經常壓抑自己真實的心理需求，漸漸地，心理就會變得扭曲。棠寧在棠夫人的情緒勒索下變成了對方的傀儡，她只能在痛苦的泥沼裡苦苦掙扎，她渴望得到母親的愛，但這種自私的母愛已經異化成了情緒勒索，她想得到那點少得可憐的母愛，就必須乖乖按照母親的要求去做。

在情緒勒索中，如果受害者一味地放棄反抗，那麼勒索

者就會變本加厲，這段親密關係就不再以雙方的平等為前提，勒索者的人格會膨脹，而受害者的人格會被打壓得越來越弱小，受害者會被自卑、恐懼和羞恥的心理所籠罩，因為只有這樣，勒索者才能牢牢地控制受害者。在勒索者看來，受害者並不是一個獨立的人。因為勒索者只在乎自己的感受，並將滿足自己的感受視為唯一的正確選擇。

以愛之名，行傷害之實

　　尼爾（Neil）是電影《春風化雨》（*Dead Poets Society*）中的一個重要角色，在他的倡導下，死亡詩社這個曾經在威爾頓貴族學校存在過的組織得以重建。它的重建受到了許多同學的歡迎，他們加入詩社，並經常一起聚會，探討優美的詩句和戲劇。

　　尼爾性格開朗、學習成績優秀、運動全能，還十分樂於助人，是學校裡的完美學生。他的領導能力也很強，意志十分堅定，在詩社裡的其他成員動搖時，他能夠站出來領導同學們堅持下去。對於尼爾來說，他的這份堅持來源於他對表演和詩歌的熱愛。

　　可是讓所有人都意想不到的是，尼爾在完美演出了《仲夏夜之夢》（*A Midsummer Night's Dream*）後，用父親的手槍自殺了。尼爾的死立刻在威爾頓貴族學校引起了極大的轟動，校方迫於壓力不得不對尼爾自殺的原因展開調查，最終校方認為老師約翰（John）應該對此事負責。約翰是一個充滿熱情的英語老師，到校任教後因新奇的上課方式得到了學生

們的喜愛。但在校方看來，約翰未免太過離經叛道，如果沒有約翰的支持，尼爾就不會組織死亡詩社，更不會自殺。

最終，約翰在一堂英語課上與學生們告別，學生們則站在課桌上大聲朗讀詩歌，目送著約翰離開。

尼爾的自殺到底該由誰來負責？尼爾在學校裡是個有著很強決斷力的人，他會鼓勵同學放下恐懼，堅持自己心中所想，他也會主動積極地去參加自己所熱愛的表演和詩歌朗誦活動。但在父母眼中尼爾是個只會乖乖聽話的孩子，他從未向父親坦露過自己喜愛表演的事情。對於父親，尼爾一直感到非常畏懼，雖然約翰老師曾鼓勵他勇敢地向父親說出自己的真實想法，但尼爾卻一直沒能鼓足勇氣。

父親沒有徵得尼爾的同意，就擅自代他辭去了在校刊的職務。尼爾得知後立刻質問道：「爸爸，你為什麼要這樣做？」父親說：「尼爾，你不要反駁我！」之後尼爾就放棄了反抗：「好的，爸爸。」

尼爾的父親幫兒子規劃好了人生，從威爾頓貴族學校畢業後，他就會將尼爾送去軍校，他根本不在乎兒子的愛好和興趣。對於尼爾來說，表演是他的夢想，當他得知自己將被送去軍校，永遠也不可能走上表演的道路時，尼爾陷入了極端的痛苦之中。尼爾不知道該如何反抗父親，他之前的人生都是按照父親的安排進行的，他要做的就是遵從命令。他很

愛父親，也很尊重父親，他不想拒絕父親，但尼爾十分熱愛表演，他也不想放棄表演。兩難之下，尼爾選擇了自殺。

尼爾的死讓人十分意外，他明明有更好的選擇，例如像約翰老師所建議的那樣和父親好好溝通，讓父親了解自己的真實想法。但這對尼爾來說是一件十分困難的事情，他從小就按照父親安排的計畫去做，他已經習慣了聽父親的話，不論他在學校表現得如何優秀，在父親面前，他都只是一個懦弱的孩子，不懂得反抗，只能一味地妥協。

在尼爾短暫的一生中，他一直在聽從父親的安排，壓抑真實的自我。

當尼爾接觸到表演後，他才真正地得到了快樂。他非常清楚，只有從事表演，自己才能獲得真正的快樂，但他卻無法面對這樣真實的自我，因此當尼爾得知父親將要安排自己去軍校時，他雖痛苦不已，卻依舊無法突破內心的局限，成為真正的自己。於是他放棄了反抗，他不願成為父親所期望的樣子，他選擇了告別人世。

情緒勒索雖然是一種無形的勒索，卻比普通的勒索更加可怕。在普通的勒索中，受害者明確知道自己被勒索了，儘管會因反抗遭到傷害，但這種傷害是可見的，可是情緒勒索所帶來的傷害卻是無形的，因為情緒勒索者往往以愛之名，行傷害之實，而且對自己向對方造成的傷害並不自知，自認

為是為對方好。

對於尼爾的父親來說，他強行安排兒子的一生，並不是想把兒子推上絕路，他是想要尼爾過好自己的一生，並且他自認為這是對尼爾好，是在幫助尼爾做出最正確的選擇。在尼爾的父親看來，自己是個十分負責的父親，他所做的一切都是為了尼爾好，他的一切行為都是用心良苦。但他從未想過，這只是他眼中的自己而已。在尼爾眼中，父親是不容挑戰的權威，他只能放棄自己的愛好和興趣來迎合父親。尼爾的父親從未設身處地考慮過尼爾的感受，他只想證明自己是正確的。

在情緒勒索中，勒索者在向受害者提出要求時，只想要一個結果，那就是受害者的服從。如果受害者反抗了，勒索者就會開始貶低和攻擊對方，直到對方服從。

尼爾在學校裡的表現十分優秀，他有著很強的決斷力，也完全可以為自己的人生做主。但到了父親那裡，尼爾就變成了一個無法做主的孩子，只能仰賴父親做決定，只能接受父親的操控，他將父親的需求擺在首位，服從父親對於尼爾來說是必須要做的事情，容不得絲毫反抗。但尼爾的一次次服從只會讓這段父子關係變得更加扭曲，父親會變得越來越不容挑戰，而他只能一次次地讓步，儘管他在讓步和妥協中感到憤怒和挫敗。在這段不平等的父子關係中，尼爾只將焦

點放在了父親的需求上，而忽略了自己的真實需求。

從尼爾父親的角度來看，他一定認為自己的出發點是正確的，畢竟他比尼爾多出了幾十年的人生經驗。尼爾從某種程度上也認同父親的價值觀，不然他不會陷入痛苦的矛盾之中。

在現實生活中，有太多像尼爾父親一樣的父母，打著「為你好」的旗號去干涉子女的人生。例如大多數父母都希望自己的孩子能有一份穩定的工作，但他們以為像繪畫、音樂這樣的專業則是很難找到穩定工作的，一旦孩子提出想學繪畫或音樂時，父母就會立刻想辦法改變孩子的想法，甚至是擅自更改孩子的報考志願。

在情緒勒索中，勒索者和受害者「相輔相成」。勒索者對受害者進行勒索、壓榨，同時受害者也在默許、縱容勒索者。對於勒索者來說，他能從情緒勒索中獲得極大的滿足感，因此他才會樂此不疲地故技重施。那麼受害者為什麼會一直深陷情緒勒索中無法自拔呢？像尼爾，他明明有更好的選擇，只要擺脫了父親的控制，他就能繼續在自己喜愛的表演道路上走下去，但他卻做了最壞的選擇。

情緒勒索是建立在一段親密關係之上的，對受害者來說，勒索者是他人生中最重要的人之一，面對勒索者提出的要求和發出的威脅，受害者無法發洩自己的怨恨和不滿，

只能扭曲自己的真實感受，認為勒索者是正確的，從而為自己感到羞愧，最終選擇做出讓步，於是勒索者的目的就達到了。

當勒索者達到目的時，就不再以貶低、攻擊的姿態出現，他會變成受害者所愛的那個人，受害者會因勒索者的開心而感到欣慰。於是在一次次的情緒勒索、一次次的扭曲自我真實感受中，受害者開始認同勒索者，每當勒索者提出要求時，受害者都會答應，並將情緒勒索視為正常的親密關係。

在正常的親密關係中，做出一定的讓步和犧牲是正常的，不然人與人之間無法和睦相處。但情緒勒索和正常親密關係中所做出的讓步和犧牲有一個很大的不同，那就是受害者或讓步方的真實感受。

如果一個人是因為愛做出了讓步，那麼他不會有憤恨和不滿等消極情緒，他也不會感覺自己受到了脅迫，這才是正常的親密關係。但在情緒勒索中，受害者的感受卻是憤恨和不滿，因為他感覺自己的真實感受被壓抑或否定了，他想要滿足勒索者的要求，就必須犧牲自己的真實感受，不然就會被對方以愛的名義進行攻擊和貶低。因此，一旦你感覺到對方所提的要求讓你覺得不舒服，產生了壓力，那麼你就要提高警惕了。

　　最關鍵的是，在正常的親密關係中，讓步和犧牲是相互的，而在情緒勒索中，受害者只能一味地做出讓步和犧牲。對於勒索者來說，尊重對方是根本不可能的，因為在他看來，自己才是正確的，他根本不會將對方看作是一個有著獨立人格的存在。為了達到控制受害者的目的，勒索者會利用貶低的手段打壓受害者的人格，因為只有被擠壓和矮化的人格才更好掌控。愛一定是建立在尊重對方的基礎上的，而不是像情緒勒索那樣，以愛之名，行傷害之實。

當內疚成為精神控制的手段

　　在電視劇《你的孩子不是你的孩子》中，有兩集講述了〈媽媽的遙控器〉的故事。故事中的小偉是一名普通的國中生，他很喜歡畫畫，希望在畢業旅行時能畫下沿途美麗的風景，但這要得到媽媽的同意。

　　小偉的媽媽希望兒子能好好讀書，她對兒子只有考高分這一個要求，甚至不惜花重金將小偉送到私立學校就讀。小偉知道媽媽對自己的期望，為了能實現旅行畫畫的夢想，他偽造了一份高分成績單，希望媽媽能在看到這份高分成績單後，高興之下同意他去旅行。

　　但媽媽很快就發現這份高分成績單是偽造的，她開始責備小偉：「你的那些畫有什麼用！就是因為你每天將心思都用在那些沒用的畫上，你的成績才會變得這麼差！媽媽這麼責罵你都是為了你好，你將來就會明白。為了送你去私立學校讀書，媽媽花了很多錢，你知道嗎？你為什麼這麼不爭氣？為什麼就不能替媽媽想想呢？」但小偉沒有因為這番話放棄自己旅行畫畫的決定，他開始想方設法地去旅行和畫畫。

　　第二天，小偉發現了一個很奇怪的現象，自己似乎在重複著昨天的生活，他在上學的路上遇到了同樣的人，同學們也說著同樣的話，所有事情好像都和昨天一模一樣，時間彷彿在不停地循環，他好像永遠被困在了昨天。但小偉沒有放在心上，他繼續偽造成績單，想要媽媽答應自己去旅行畫畫的事情。

　　一天晚上，當小偉拿著偽造的成績單去找媽媽時，媽媽突然意味深長地對他說：「我已經給過你三次機會了，如果你再不改正錯誤，你就會被永遠困在這一天。」

　　這時，小偉才恍然大悟，原來將他永遠困住的人是他的媽媽，如果他不按照媽媽所說的去改正錯誤，那麼他將會被永遠困住，無法獲得自由。想要獲得自由，小偉就必須向媽媽認錯，並向媽媽保證自己放棄畫畫，可是如果他按照媽媽的要求改正了錯誤，他就會永遠失去畫畫這個夢想，也就失去了自由。

　　這部電視劇雖然帶有一些科幻色彩，講的卻是一個家庭霸凌的故事。表面上看，小偉的媽媽是在為小偉的將來考慮，但實際上她一直在強勢操控小偉，讓小偉按照她的心意生活，而且她還試圖向小偉灌輸自己所規定的是非標準，讓小偉產生內疚感，從而妥協。小偉的媽媽其實就是在對小偉進行情緒勒索，她所謂的是非標準其實就是順從，要小偉順

從她的期望和要求，打消畢業旅行和畫畫的念頭，老老實實待在家裡念書以提高學業成績。

在這個家庭霸凌的故事中，媽媽明明是想將自己的意願強加到小偉頭上，但她卻口口聲聲說這是為了小偉的將來著想，她希望小偉能明白自己的苦心。對於她來說，這是一種美德，小偉必須同意，否則小偉就是在犯錯誤。一旦情緒勒索被鍍上了美德這層金色外衣，那麼受害者就更難從情緒勒索中擺脫出來了，勒索者也就能更好地控制受害者。因為內疚一旦變成了一種習慣，受害者會自動地將所有責任都攬在自己身上，甚至會成為一個隨時準備滿足他人意願的「濫好人」，因為他不願意看到衝突，只要看到有人爭吵或生氣，他就會被內疚感所淹沒。

內疚是一種社會情緒，與喜怒哀樂這些與生俱來的情緒不同，內疚是一個人在社會化的過程中漸漸形成的。從某種程度上來說，內疚有利於人際關係的形成和發展，如果沒有內疚這種社會情緒，那麼每個人都會成為自私自利的人，人與人之間就無法進行正常的社交。

可是如果一個人總是不自覺地感到內疚，將所有的責任都攬在自己身上，那麼他就會陷入自我貶低的痛苦中，會慢慢喪失自信和自尊，成為情緒勒索的犧牲品，甚至會輕易地淪為每段親密關係中的情緒勒索受害者。例如生活中常見的

濫好人，他似乎總在迎合他人的需求，不想看到有人生氣，尤其是當對方對自己生氣時，濫好人就會自責不已，於是濫好人慢慢地就成了「軟柿子」，每個人都可以隨意捏上一把。這樣一來，他們就會忽略自己的情感需求，成為一個只會奉獻，而無法得到他人尊重的人。

激發一個人的內疚情緒是一種強而有力的精神控制手段，在情緒勒索中十分常見。每當受害者對勒索者產生懷疑時，勒索者就會想方設法地激發受害者的內疚情緒，用道德、情感綁架的方式來告訴受害者，他這麼做是一種美德，而受害者則是犯錯誤的一方，勒索者就這樣一直打擊受害者的自尊心，直到受害者主動進行自我懺悔。

小潔在一家網路公司找到了一份不錯的工作，她很喜歡這份工作。在此之前，小潔按照父母的要求找到了一份公家單位的工作，這份工作雖然很穩定，也符合父母的期望，但小潔卻不喜歡。當小潔決定辭職的時候，遭到了父母的強烈反對。

小潔的父母覺得公家單位的工作才是最可靠的，其他什麼工作都靠不住。當小潔的媽媽發現自己根本無法說服女兒後就開始打起了感情牌，她一邊抹眼淚一邊對小潔說：「你知道媽媽為了你這份工作花了多大的心血嗎？我託人花錢出力才好不容易為你找到了這麼一個終生穩定的鐵飯碗。媽媽這

麼做都是為了你啊，你就不能理解媽媽的想法嗎？你說你一個女孩子，何必那麼拚呢？你怎麼就不明白媽媽的心呢？」

　　小潔的媽媽與小潔之間的觀點出現了分歧，她想要女兒明白自己的心思，可當她發現自己根本就說服不了小潔時，就開始以愛的名義來要挾小潔，這是許多父母慣用的手法。小潔的媽媽將聽話歸入孝順的行列，如果小潔不聽話，那就是在辜負她的心意，就是不孝，小潔很容易因不孝的假象而內疚，從而放棄換工作的想法，服從媽媽的意願。於是小潔媽媽就成了情緒勒索中的勒索者，而小潔則成了受害者。

　　在情緒勒索中，勒索者與受害者本來是處於相互對峙、衝突的境地，勒索者想要受害者做出犧牲和讓步，而受害者會因不情願而做出反抗。當勒索者向受害者使用激發內疚的精神控制手段時，勒索者就相當於將雙方對峙的場面轉移到了受害者的內心中，促使受害者開始進行自我交戰。受害者原本內心裡不願意做出讓步，但現在有一個聲音告訴他，他的堅持是錯誤的，讓步是一種美德。於是受害者會在所謂的內疚和自我需求之間掙扎，最後的結果極有可能就是內疚獲勝。

　　小潔與媽媽之間的爭執，本來是兩人不同職業觀的衝突，小潔媽媽覺得穩定的鐵飯碗更好，而小潔更想去從事一份自己喜歡的職業。但小潔媽媽為了讓女兒讓步就開始激發她的內疚感，那麼小潔極有可能會產生這樣的想法：「媽媽

說得對。她為了這份工作花了那麼大的心血，她是為了我的未來考慮，不想讓我那麼辛苦。」於是，小潔只能做出讓步。

一旦受害者被勒索者說服，覺得自己犯下了嚴重的錯誤，那麼受害者就會產生十分強烈的內疚感和罪惡感，這樣一來受害者就不敢再質疑勒索者的決定了。當受害者放棄了反抗，也就開始進入自我貶低的循環之中了。

每當面臨情緒勒索的局面時，受害者首先會進行自我檢討，當然勒索者肯定會先發制人，讓自己站在道德的制高點上，在此情況之下，受害者只能認錯、貶低自己，於是受害者會漸漸形成一種錯誤的認知，即認為自己的犧牲和讓步是一種美德。例如小偉媽媽就試圖扭曲小偉的認知，讓小偉覺得她是愛小偉的，所以小偉必須得放棄畫畫，按照她喜歡的方式去做，因為她想要的是一個考高分的孩子，如果小偉不按照她的要求去做，那小偉就辜負了她的一番心意，是個不孝順的孩子。

內疚這種精神控制手段的可怕之處在於，一旦受害者被勒索者擺布，他就很難掙脫這種控制，因為他首先要面對極大的心理失衡，會處於受騙和內疚的雙重折磨之中。這種極大的心理衝突會使受害者痛不欲生。因此很多受害者通常不會主動選擇擺脫，而是繼續任由勒索者對自己進行壓榨，因為他相信這是愛的表達。

　　內疚的情緒會讓受害者主動聽話、做出讓步和犧牲，勒索者的目的雖然達到了，卻會對受害者的靈魂帶來嚴重的傷害。在這段關係中，勒索者與受害者之間的地位越來越不平等，受害者會成為一個只會奉獻的人，他會將取悅別人當成自己的唯一價值，從而忘記取悅自己。

單向轉移的負面情緒

2015 年 12 月 17 日凌晨 3 點左右，某大學的學生孫宏從宿舍樓上一躍而下，結束了自己年輕的生命。孫宏的死讓很多人都感到難以理解，他從小到大一直很優秀，研究生論文也已經繳交，馬上就要畢業了，而且在他自殺的前一天下午還接到了應徵銀行的簽約通知，他回覆說自己會參加。

孫宏與女友小慶之間的感情也很穩定，雙方家長都很滿意，在他自殺的幾天前，孫宏還和女友一起買了情侶毛衣，他還網購了一個啞鈴，希望小慶能經常用啞鈴練習臂力，這樣兩人去滑冰時就能減少摔倒所造成的損傷。

孫宏十分喜愛運動，除了經常帶著女友去滑雪、溜冰外，還曾在全程馬拉松比賽中獲得過獎牌。據好友回憶，孫宏非常喜歡騎自行車，經常與好友一起到各地騎車，甚至還利用寒假的時間與朋友們到海外騎自行車。

孫宏從小就生活在鮮花和掌聲之中，還被同學們稱為「孫神」。據他的國中同學回憶，孫宏的學業成績一直是班裡的第　名，就算後來他總是跟著朋友一起「胡鬧」，也依舊是

班裡的第一名。到了高中，孫宏的學業成績仍然很優秀，每次考試都是全校第一名，遠遠甩開第二名二、三十分。

2008 年，孫宏以優異的成績考入了某大學的通訊工程系，在大學裡，孫宏依舊很優秀，同學們都覺得他是個非常聰明的人。同時，孫宏還在很多比賽中獲獎。大學畢業後，孫宏獲得了保送研究所的資格，他選擇繼續留校深造。

2014 年年初，孫宏和其他 5 個同學到某著名通訊科技品牌公司實習，這家公司一直與學校有專案合作。孫宏等人來到公司實習後不久就發現，專案組的工作一直停滯不前，在之後的大半年實習期間，孫宏等人根本無研究可做。2015 年 3 月，孫宏等人眼看就要畢業了，在畢業之前他們必須依靠專案研究寫畢業論文。孫宏等人為了畢業論文焦急不已，便開始頻繁向學校申請終止實習，在多次協商後他們終於回到了學校。

導師在了解情況後就建議孫宏自己去找一些研究點來寫畢業論文，但沒有實踐作為支撐，孫宏在寫畢業論文時遇到了很大的阻礙，最終孫宏的畢業論文沒有通過，這意味著他將面臨延遲一年畢業的結果。

在此之前，孫宏已經成功應徵到了某銀行總部軟體開發中心的工作，無法順利畢業的孫宏只能放棄這份工作，還為此付了五千元的違約金。這對孫宏來說是個很大的打擊，他

從未如此失敗過。

　　不過更難以接受延遲畢業事實的人是孫宏的母親，從小到大孫宏就一直是母親的驕傲。雖然這次畢業延遲的過錯並不在孫宏，而是因為實習遇到了問題，可孫宏的母親怎麼也接受不了這樣的事實，她覺得兒子遭遇了不公平的事情。

　　本應該從母親那裡獲得安慰和鼓勵的孫宏只能暫時壓抑自己的難過，反過來安慰母親：「媽媽你不要哭了，我接受一年的延期畢業。」孫宏母親對此事的痛苦反應讓本來就很難過的孫宏背上了自責的包袱，他認為母親的痛苦都是自己造成的，他只能繼續優秀下去，他的人生無法接受失敗，因為失敗帶來的後果太過沉重。從那以後，那個自信樂觀的孫宏消失了。

　　孫宏開始變得有氣無力，根本無心讀書，還經常失眠。後來孫宏被診斷為重度憂鬱症，他開始看病、吃藥和做心理輔導，母親則一直在學校旁邊的旅館裡陪著他。兩個月後，孫宏的情況開始好轉，重度憂鬱症變成了輕度憂鬱。

　　2015 年 11 月底，導師對孫宏的論文提了兩個修改意見，這意味著他可以順利畢業了。不久之後，孫宏去參加某銀行的應徵，在筆試過後他對女友說：「有好多數學題都很難，不過我都做完了，應該沒有太大的問題。」孫宏還對女友講了自己暫時的計畫：「畢業論文已經交了，學校沒什麼事了，

我想出去實習賺些生活費，不能一直用家裡的錢。」

在孫宏自殺前，他擊敗了延遲畢業這個挫折，所有的一切都在好轉，可以說他的未來充滿了希望，最重要的是他還應徵成功了。也就是說孫宏本不應該自殺，他已經走過了最困難的時期。

表面上孫宏的未來充滿了希望，實際上他卻對未來充滿了焦慮和恐懼，他不知道該如何面對這個複雜的社會。學校生活與社會相比簡單多了，在學校有著「孫神」之稱的孫宏一直覺得自己可以掌控一切，事實也的確如他所願，他的人生一直順風順水，根本沒有遭遇過挫折。而他因實習不利而畢業延遲的事情終於打破了他不敗的「神話」，孫宏開始對自己「孫神」的身分產生懷疑，他開始對自己的過往進行反思。這本是一次絕佳的挫折教育，卻被孫母給打斷了。

孫母比孫宏更難接受兒子的失敗，她一廂情願地希望自己的兒子能一切順利，當兒子面對畢業延遲的失敗時，孫母甚至比兒子還痛苦，她當著兒子的面抹眼淚，她在表達、發洩自己的痛苦，卻沒給孫宏發洩的機會，還讓孫宏內疚不已。如果孫母能平靜地面對孫宏的失敗，給他一個學習成長的機會，那麼孫宏就不會將這次的失敗放大，或許就不會焦慮和憂鬱。

毫無疑問，孫母對她的兒子傾注了過度的母愛，她有著

全天下母親共同的心願，希望自己的孩子不要受傷，甚至希望自己能保護孩子一生。但這種過度的關心會讓孫宏在面對失敗時更加戰戰兢兢，更加緊張和焦慮，他只會被束縛住，只會更加恐懼失敗。在面對母親的痛苦和哭泣時，孫宏了解到一件事，就是他不能失敗，且不說他自己是否能接受失敗，首先不能接受的就是他的母親。

值得注意的是，孫宏並未在自己憂鬱嚴重的時候自殺，那時他正在失敗中掙扎，他想要透過自己的努力挽回失敗的局面。於是在即將畢業時，孫宏應徵了一家知名銀行，克服重重困難，孫宏通過了筆試，後來他接到了銀行的簽約通知，這再次證明了自己的能力，證明自己依舊是優秀的「孫神」。此時的孫宏雖然恢復了些許自信，但他的內心依舊十分恐懼，戰勝失敗的過程太過艱辛，他不想再經歷一次失敗，他只能在自己勝利的時候死去，為自己的人生畫上一個「完美的句點」。

失敗和挫折對於孫宏來說真的那麼可怕嗎？他在自殺之前留下了一份簡短的遺書，上面寫著：「活著真的很痛苦，不想再傷害自己的家人了。」對於一直非常優秀的孫宏來說，失敗本來就令他焦慮，再加上自己對母親的內疚，這份焦慮對他來說就更加沉重了。

孫母在面對孫宏的失敗時，表現得比兒子還要痛苦，結

果卻是令孫宏陷入了重度憂鬱之中，為什麼會這樣？因為孫母將自己的消極情緒發洩給了兒子，她向兒子表達了自己的痛苦，而且還得到了兒子的安慰。但孫宏的消極情緒卻被壓抑下來，他無法對母親發洩自己的消極情緒，他會因此自責，於是他變得更加焦慮和不安，甚至開始憂鬱。

憂鬱其實是一種自我攻擊，孫宏將所有的責任都攬在自己身上，他開始攻擊自己，無法原諒自己的失敗。這份痛苦在孫宏的內心漸漸淤積下來，於是他從一個熱愛運動的陽光大男孩變成了一個重度憂鬱症患者。

其實孫母是在不自覺地對孫宏進行情緒勒索，她的這種情緒勒索的表現就是向兒子發洩負面情緒，這樣她的焦慮就會得到緩解。在親密關係中，雙方互相發洩負面情緒，進行自我治療，這本身很正常。但情緒勒索卻將發洩負面情緒變成了單向的，也就是說只能勒索者向受害者發洩負面情緒，而受害者只能壓抑著，還得去安慰勒索者，不然受害者就會內疚，或者遭到勒索者的譴責。

孫宏從小到大都是孫母的驕傲，她一直非常享受這份驕傲，所以她無法忍受孫宏的失敗，並將這種觀念潛移默化地灌輸到孫宏的人生觀中。孫宏只要失敗，孫母就會焦慮和痛苦，她向兒子發洩這種負面情緒，但兒子卻學不會如何向身邊的人發洩自己的負面情緒，他做不到對父母這樣，因為

他承受不了良心的譴責。每個人都有負面情緒,例如憤怒,發洩負面情緒是每個人的權利,同時也是我們應該學習的能力,孫宏如果懂得這個道理,就不會將自己逼進了死胡同。

本文所採用人名均為化名。

情緒勒索的六個步驟

　　小佳與小強是一對戀人，他們在網路上相識，網路聊天聊了一段時間後，兩人決定見面。在初次相見時，小佳與小強對彼此的印象都很不錯，兩人聊得很愉快，於是他們很快就確定了戀人關係。

　　一段時間後，小強告訴小佳，他的身體不好，需要得到小佳的關心與照顧。小佳沒有多想就答應了小強的要求，她覺得身為戀人自己應該照顧小強。小佳為了照顧小強付出了很多時間和精力，但小強不僅不滿足，反而提出越來越多的要求，還會刻意貶低小佳的付出。他經常向小佳提起其他女孩如何出色，如何懂得關心和照顧戀人，還經常指責和批評小佳做得不夠。

　　漸漸地，小佳對小強越來越不滿，她覺得自己已經為小強付出了很多時間和精力，不僅得不到小強的感激，還總是被他批評。但是每當小佳不按照小強的要求去做時，小強就會立刻用自己的病情作為武器來攻擊小佳，他會質問小佳為什麼對一個需要照顧的病人如此無情。小佳也覺得自己不應

該如此斤斤計較，於是會盡力滿足小強提出的所有要求。

結果，小強開始變本加厲地向小佳提出更多的要求，還經常表示他是個體弱無力的病人，需要小佳的照顧。最終小佳不堪忍受壓力，開始拒絕小強的要求。小強立刻提出分手，還表現得十分痛苦，就像一個深受傷害的人，最後小強說他依然深愛著小佳，之後就外出旅行了。

在旅行期間，小強經常在社群平臺發一些讓小佳內疚的圖文訊息，例如病情加重的照片，或者說一些獨自一人旅行很心酸的話。當小佳看到小強發的這些內容時，她就會陷入糾結中，一方面她覺得自己應該果斷些，既然分手了就不要再聯絡，否則會縱容小強的這種行為；另一方面小佳覺得自己不應該如此無情，小強畢竟是個病人，身體很不好，她甚至有想要主動和小強聯絡的衝動，她想勸小強不要去旅行了，應該在家好好調養身體。糾結中的小佳開始懷疑自己和小強分手是否是一個正確的決定，甚至開始懷疑自己這麼做是不是不道德的。

小佳之所以會在和小強分手後如此糾結，甚至開始自責，是因為她不自覺地陷入了情緒勒索的漩渦中。小佳沒有想到，小強所提出的種種要求是在一步步地觸及她的底線，在這段戀情中，破壞感情、破壞關係的人是小強，而不是小佳。小強只會站在自己的立場上，根本不考慮小佳的感受，

還將自己的要求強加到小佳頭上，甚至開始無限上綱，一旦小佳出現反抗或質疑，他就會對小佳灌輸這「不道德」的思想。他一邊向小佳索取，一邊向小佳戴上了沉重的枷鎖。

蘇珊・佛沃（Susan Forward）在《情緒勒索》（*Emotional Blackmail*）一書中提出了「情緒勒索」的六個步驟，分別為：要求、抵抗、施壓、威脅、順從、重啟。在小佳與小強的這段戀情中，小強就透過這六個步驟來對小佳進行情緒勒索。

首先，小強利用自己的身體健康問題來向小佳提出要求，他向小佳表示自己的健康遇到了一些狀況，需要得到戀人小佳的照顧和關心。在人際互動中，表達自己的某種需求十分正常，也很常見，我們都需要向對方表達自己的需求。也就是說，提要求和表達需求並非都是情緒勒索。

想要區分提要求和情緒勒索之間的不同十分簡單，那就是你的感受如何，對方是否尊重你的感受以及你是否能反對對方所提的要求。在情緒勒索中，勒索者所提的要求是沒有任何迴旋的餘地的，受害者只能答應，否則勒索者不會放棄。而且勒索者只會在意自己的感受，他們對受害者的感受毫不在意，甚至步步緊逼，直到受害者同意自己的要求。

其次是抵抗。在小強提出更多要求、並對小佳提出批評和指責的時候，小佳心裡很不舒服，她沒有一味地順從小強，而是對小強產生了懷疑，這源自小佳的抵抗心理。當小

強的進一步要求沒有得到滿足時，他沒有找自身的原因，也不理解小佳的感受，只是一味地想要小佳接受他的要求，於是他開始用各種辦法向小佳施壓。

第三步是施壓。當小強發現小佳沒有服從自己的意願，開始反抗、質疑時，小強沒有主動去安慰小佳，也沒有和小佳聊一聊、了解她的感受。相反，小強開始用自己身體不好，以及其他女孩如何出色且更懂得關心和照顧戀人為藉口，想讓小佳知道，小佳不是一個合格的戀人，其他女孩都比她做得好。此外，小強還會抱怨小佳所犯的錯誤，並不斷強調自己的健康狀況真的很不好。小強這麼做只是為了讓小佳產生一種錯覺，讓她覺得自己的感受是錯誤的，從而放棄與小強對抗，最終達到迫使小佳滿足自己更多要求的目的。如果小佳認同了小強的說法，就會進一步地滿足小強的要求，以證明自己是個合格的戀人。

第四步是威脅。當小佳因不堪忍受小強強加的壓力，開始拒絕他的進一步要求時，小強就利用小佳所在乎的感情進行威脅，他提出了分手。在情緒勒索中，勒索者十分了解受害者最在意的是什麼，因為這會成為他威脅受害者的武器。在提出分手的同時，小強還表示他依舊很愛小佳，他也很痛苦。這樣一來，小強將所有的責任都推卸到了小佳的身上，好像導致兩人分手的結果完全是小佳所造成的一樣。

　　勒索者對受害者進行威脅的目的很簡單，就是逼迫受害者按照他的要求去做，否則後果就會很嚴重，因為他會讓受害者失去最在意的事物。在威脅的過程中，勒索者通常會告訴受害者自己也承受了許多痛苦，甚至還會做出口頭上的承諾，暗示受害者：如果你按照我說的去做，我會對你更好，我會更加愛你，我們之間的關係會更加親密；如果你還是繼續反抗，那麼我就會讓你遭受痛苦和損失。

　　在威脅的過程中，勒索者會讓受害者處於恐懼、不安的情緒之中，從而迫使受害者順從自己的要求。如果小佳十分在意這段戀情，當小強提出分手時，她會感到害怕和不安，為了擺脫分手的恐懼，小佳只能按照小強說的去做，因為只有這樣才能保住這段戀情。

　　幸運的是小佳並未屈服，她沒有進入情緒勒索的第五步，也就是順從。不過小佳也沒有完全從情緒勒索中掙扎出來，她還是會關心小強的社群帳號狀態，還會懷疑分手是個錯誤和不道德的選擇。

　　如果小佳進入了情緒勒索的第五步，因為恐懼而壓抑自己的感受，順從了小強的要求，那麼小強會因達到目的而安靜一段時間，甚至作為獎勵他會對小佳好一些，在接下來的一段時間內小佳將重新體會到戀愛的甜蜜，小強會變得和剛認識時一樣，做個合格的戀人，小佳則會因為由順從獲得的

短暫的安寧而更加肯定自己這個「正確」的決定。

　　但小強這麼做只是為了獎勵小佳的順從，一段時間後他會變本加厲地勒索對方。而且小強能從小佳的順從中意識到自己可以進一步挑戰對方的底線，他甚至覺得這麼做可以控制對方。

　　就算沒有獎勵，受害者也會因順從而感到輕鬆，因為他一旦放棄抵抗，勒索者的施壓和威脅也就消失了，這樣一來受害者自然會輕鬆很多。例如小佳在順從後，小強不僅身體好了起來，小佳還不用面對分手的痛苦，她甚至還會覺得小強身體的好轉都是自己照顧的功勞，她不僅沒有道德壓力，還會產生某種成就感。

　　情緒勒索的第六步就是重啟，情緒勒索會在兩人的互動中重演。經過上述五個步驟，勒索者會越來越嫻熟地使用情緒勒索的技巧，因為他已經從提要求、施壓、威脅中了解了受害者最在乎的事物以及受害者會在怎樣的壓力和威脅下放棄抵抗。於是在新一輪的情緒勒索中，勒索者會故技重施，直到受害者再一次屈服、順從。

　　久而久之，受害者就會養成順從、屈服的習慣，漸漸喪失真實的自我，從而進入情緒勒索的惡性循環之中，成為只會犧牲和讓步的一方。最重要的是，受害者陷入情緒勒索中的時間越長，就越難擺脫情緒勒索，因為勒索者的勒索技術

會在一次又一次的成功中日漸精湛，他會一次次地調整自己的勒索策略，從而更好地掌控受害者，讓受害者放棄自己的需求。

　　總之，人與人之間的正常互動不應該有情緒勒索這樣病態的關係，不應該存在直接或間接的威脅，像「你如果不這麼做，我就要……」這樣的語言威脅根本不應該存在，更別提施壓和威脅了。人與人之間出現人際衝突是在所難免的，因為每個人都會在表達需求和情感時與他人產生分歧，於是衝突就出現了。但人際關係中的衝突固然會讓人覺得不舒服，甚至伴隨著強烈的負面情緒，卻不會有情緒勒索帶來的壓力感。

第二章　披上愛的外衣進行敲詐

── 情緒勒索的表現形式

從俯視到無視

　　老張是一家公司的部門主管，他充滿了鬥志，對成功有著十分強烈的渴望。在一些同事看來，老張是個很有魅力的男人，而另一些同事卻對他非常不滿。對於下屬，老張只有一個要求，那就是絕對的順從。如果他們表現得很順從，那老張對待他們就會很慷慨，否則他會毫不猶豫地讓對方離開。在下屬們的心中，老張是個值得尊敬的上司，但同時他們也很害怕他。

　　老張的夫人是個漂亮的女人，自從和老張結婚後就按照老張的意思留在家裡相夫教子。隨著年齡的增長，老張漸漸對妻子失去了以往的熱情。後來，妻子為老張生下了一個兒子，因為懷孕生子導致身材走樣，這下妻子對老張就更沒有吸引力了。不過老張對待妻子和兒子十分慷慨，他為他們提供了優越的生活環境，不過老張卻很少關心他們，而且一旦他們沒有達到他的期望，他就會大發雷霆。

　　後來，老張發生了婚外情，他經常利用閒暇時間帶著情人到處去旅遊，幾乎沒有時間陪妻子和兒子。每當張夫人向

老張抱怨他經常不回家時，老張就會發脾氣：「我要不是忙著工作，你們哪來這麼好的生活，你真是忘恩負義，一點也不感謝我對這個家的付出！」

最後，張夫人向老張提出了離婚。老張在看到離婚協議書的時候十分生氣，他對妻子說：「你知道和我離婚的後果是什麼嗎？我會請最好的律師讓你淨身出戶，而且還會把兒子的監護權爭取過來。」在離婚後，老張對前妻主動提出離婚的恨意還未消失，他不讓兒子和前妻見面，為了讓兒子遠離前妻，他甚至會威脅兒子，如果他不站在自己這一邊，就切斷他的經濟來源。

每一個情緒勒索者在對受害者進行勒索的時候都會有不同的表現形式，例如有的勒索者會直接進行威脅：「如果你不按照我說的去做，你一分錢也別想要！」這種直接威脅的方式比較容易辨別；有的勒索者在進行情緒勒索時則會用一種不易察覺的方式，例如讓對方覺得內疚，如果不答應他的要求，對方就會陷入自責的情緒中。

在所有情緒勒索的表現形式中，最容易辨別的形式就是直接進行威脅或直接發火，也就是恃強施暴。施暴者一方會認為自己是受害者的君主，有權對受害者發號施令，一旦受害者不順從，勒索者會立刻暴怒，直截了當地發洩自己的不滿，進而發出威脅。

在上述案例中，老張在社會上有一定的地位，他的事業很成功，在他心裡，妻子是個依附他而存在的人，他從不將她視作一個有著獨立人格的個體，自然也談不上尊重。在這個三口之家中，老張將自己擺在了一家之主的位置上，不論妻子還是兒子都不能忤逆他，不然他就會切斷他們的經濟來源。

在面對妻子提出的離婚要求時，老張自然會大發雷霆，因為他根本容不得妻子這樣反抗自己。所以他說出了一番富有殺傷力的話，他明明白白地告訴妻子離婚的下場：如果離婚，他的妻子將會變得一無所有，不但會失去優越的物質生活，還會被剝奪兒子的監護權。

恃強施暴者的威脅之所以往往能奏效，就是因為他的威脅一旦變成現實，後果就會很嚴重，而受害者想要承擔這個後果往往就會付出很大的代價。老張會這樣威脅，目的是不想離婚，儘管他的婚姻已經名存實亡，所以老張發火和威脅只是隨口說說，只要妻子向他認錯，不再提離婚，那麼這些威脅只會停留在口頭上。可是如果妻子一意孤行，那麼老張就會將威脅變成現實。

這種直接威脅或直接發火的表現形式在情緒勒索中雖然很容易辨認，但對受害者帶來的傷害卻並不少，因為恃強施暴者是站在一個俯視的角度來對待這段關係，也就是說在這

段關係中，恃強施暴者與受害者之間的地位並不平等。他是發號施令的一方，只需要在意自己的感受就行，至於受害者怎麼想他根本不在乎，因為他自認為受害者不能與他相比，也就根本沒有資格與他平等相處。

在老張的這段婚姻中，夫妻雙方之間存在著地位上的差距，老張認為自己完全凌駕於妻子的尊嚴和智商之上，他認為妻子花著自己的錢，就應該理所當然地聽他的話，在他面前，妻子永遠矮一截。他認為自己應該比妻子享受更多特權，例如搞婚外情，而且不需要因背叛婚姻而對妻子產生愧疚，他甚至認為這是理所當然的。

在一段關係中，雙方之間地位的平等十分重要，這是互相尊重的前提。但對於恃強施暴者而言，平等根本不存在，他會假設自己是個不容反對的主人，以主人的身分去俯視受害者。時間長了，這種俯視會漸漸發展成為無視，從而完全忽略受害者的感受和存在價值，這對受害者來說無疑是一種極大的精神折磨。

小麗從小乖巧懂事，對待學業十分認真，終於努力考上了知名高中。小麗的父親對她十分嚴格，他當年學業成績很好，但由於種種原因未能如願考上大學，所以他希望小麗能考上知名大學。

進入高中以後，課業壓力增大，再加上高中同學也都是

來自其他學校的佼佼者，小麗在考試排名中無法像國中一樣總是名列第一。每當父親得知小麗的成績排名不是第一名時，他都會批評她，甚至還會責罵她，他總是會對小麗說：「你不要怪爸爸嚴厲，爸爸是為了你的未來著想，這一切都是為了你好。」聽到父親的這番話後，小麗既恐懼父親的怒火，又感到內疚，她覺得自己應該努力獲得更好的成績。

後來小麗終於考上了一所不錯的大學，但她在上大學後就很少主動與父親聯絡了，也很少回家。因為在高中期間，她對父親產生了深深的恐懼，她害怕面對父親，害怕他發脾氣，每當回想起高中時被父親責罵的場景，她都會難過不已。

對於小麗的父親來說，他認為小麗必須按照他的期望去努力，每次都該考第一名，考入最好的大學。他將這種期望強加到小麗身上，並認為這是理所當然，所以每當小麗無法達到他的期望時，他就會發火，會嚴厲責罵小麗。像小麗父親這樣的父母十分常見，他們用發火或責罵的方式對孩子進行情緒攻擊，並且毫不在意對方的心理感受和承受能力，同時孩子通常難以意識到這是錯誤的，也就不會去質疑父母不應當隨意向孩子發洩怒火。

小麗只能單方面地接受父親的怒火和責罵，她不能向父親表達自己的真實感受，否則會招來更多的責罵，這無疑就

是一種情緒勒索。小麗父親根本不在意女兒的感受，小麗也不敢反抗父親，只能頂著父親的壓力，努力滿足父親提出的考第一名的要求，但那對於小麗來說是一件十分困難的事情，不是單單付出努力就可以達到的。對於恃強施暴者來說，對受害者肆意發洩自己的怒火是理所當然的，這是他的權力，而受害者只有接受和恐懼的義務，不能進行反抗。

恃強施暴這種形式的情緒勒索在親子關係中十分常見，因為父母有著天然的優勢，會自然地從俯視的角度對待自己的孩子，而孩子也會自然地仰視父母。父母不僅比孩子高大，還比孩子多出了二十多年、甚至更多的人生經驗，對於父母來說，想要做到和孩子平等相處是一件十分困難的事情。

如果父母從沒有意識到孩子是個獨立的個體，那麼這段親子關係就談不上什麼平等和尊重了，父母很容易成為情緒勒索中的恃強施暴者。他們會覺得自己對孩子持有控制權，會強行為孩子做決定，例如為孩子決定他應該學什麼樣的專業。

通常情況下，孩子都會順從，因為他從小就在這樣的家庭環境下長大，會在面對父母時自動矮化，不由自主地放棄自己的需求，順從父母的意願。當然在傳統思想的影響下，父母更加理所當然地操控孩子的人生，而這也會讓孩子認為父母這麼做是為了自己好。

　　當然還會有一些人抵制父母的壓力，於是恃強施暴的父母就會利用自身權威對孩子進行威脅，例如「如果你不和他分手，我們就斷絕父子關係」，或者「如果你不按照我的要求去做，你一分遺產也別想要」等等。在父母的威脅下，家庭矛盾會激化，有的人會為了家庭恢復以往的和諧而妥協、讓步，但這種和諧也只是表面現象而已。

以「無私奉獻」傷害他人

閻芳華是個七十多歲的老太太，她的兒子陳立喬是個演員，年近四十歲。閻芳華是一個完全圍著兒子轉的母親，她以愛的名義全盤掌控著兒子的生活。陳立喬出去拍戲時，閻芳華一定會跟著兒子，並親自為他下廚做飯，照顧兒子的飲食起居，對於她來說，隨時隨地給兒子一個溫暖的廚房就是她的人生意義。

閻芳華曾說，她在用整個生命對兒子好，她完全犧牲了自己的個人生活在照顧兒子，她每天都會替兒子熬清肺去火的梨湯，一做就是幾十年，從未中斷過。

除了熬梨湯外，閻芳華還會替陳立喬燉煮各式各樣的湯和熬製中草藥湯劑以及榨果汁。閻芳華會將各式各樣的湯湯水水分別裝在不同顏色的瓶瓶罐罐之中，每次都會要求陳立喬帶上，還會叮囑他一定要喝完，那是她辛苦熬製出來的。為此陳立喬沒少和母親發生爭執，他甚至對母親說：「在你心中我就是一個桶，什麼都能往裡倒！」但最終陳立喬還是選擇了妥協，乖乖按照母親的要求喝各種湯水，每天下來基

本上都不用喝水了。

　　在上大學時，母親跟著陳立喬來到了他的宿舍，其他室友都在自己整理被褥，陳立喬也想自己整理，卻被母親搶先，他只能尷尬地看著母親將自己的床鋪整理好。當閻芳華發現宿舍大樓牆壁上都是爬牆虎時，想要用開水將爬牆虎都澆死，因為她擔心茂密的爬牆虎裡會有蟲子，蟲子會爬到或飛到宿舍裡來影響兒子休息。

　　陳立喬也曾多次反抗，但總是無法堅持下來，因為他知道這是母親的愛，他無法拒絕。有一次，閻芳華在買菜的時候買了一些青菜，這種青菜很難買到，所以當閻芳華將菜做好端到桌子上時，她一根菜都沒夾，陳立喬很快就注意到了，他非常生氣，扔下筷子就離開了。後來等氣消了，陳立喬發現母親的手上有許多傷口，那是為了挑菜留下的，他覺得非常愧疚，於是就乖乖吃完了所有的菜。

　　在社群平臺剛流行起來的那段時間，陳立喬也註冊了帳號，他每天都會在平臺上更新自己的動態。有兩天，陳立喬比較忙，就沒有更新。一天，當陳立喬回家時，他的母親問他為什麼有兩天沒有更新，還將一個本子拿到陳立喬的面前，上面都是她抄下來的陳立喬的發文，一則都不少。最後陳立喬乾脆不再寫動態了。

　　閻芳華不僅管控著陳立喬各方面的生活，就連兒子的戀

情也在她的管控之下，兒子的每段戀情她都會干涉，還提出了自己對未來兒媳的要求：第一，她喜歡淑女，兒媳不能穿著過於暴露。第二，言行要得體，不能做出沒有教養的行為，例如隨意坐在沙發扶手上。第三，兒媳必須得符合賢妻良母的標準，家事要全部承擔起來，閻芳華認為男女分工不同，女人就必須得做家務。

其實閻芳華最理想的兒媳就是自己的翻版，她對兒子自己找的女朋友從來都不滿意，而她介紹給兒子的女孩子，兒子也很反彈。

陳立喬不只一次地表示，母親是個重男輕女的人，對待他和姐姐完全不一樣。有一次，姐姐說想吃豬腳，但閻芳華說：「你弟弟在外面有沒有豬腳吃還不知道，你吃什麼豬腳。」姐姐想要在家裡吃東西還得借著弟弟的光。有一次陳立喬從外面回來，母親問他想不想吃東西，陳立喬已經吃過了，本來想拒絕，但姐姐想吃，於是他就說：「那我們一塊吃幾個餃子吧。」於是母親下了一袋餃子，裡面一共有 16 個，陳立喬表示他吃 8 個餃子就夠了，姐姐要了 6 個。但在吃餃子的時候，陳立喬發現自己碗裡的餃子有點多，他根本吃不完，於是他數了數碗裡的餃子，才發現自己碗中有 12 個餃子，而姐姐碗中只有 4 個餃子。陳立喬當即就有些生氣，他十分不滿母親的這種偏心，但他並未發作。

與陳立喬一樣，他的姐姐也一直沒有結婚。當提到女兒一直未婚的情況時，閻芳華似乎並不著急，反而說自己的女兒一直不肯結婚是受到了她的影響，因為女兒無法像自己一樣無微不至地照顧孩子的生活，女兒覺得她付出不了這麼大的心力，最後閻芳華十分驕傲地說：「我周圍的同事和朋友都知道，我是用整個生命在對待我的兒子！」

在閻芳華看來，她一直在為兒子做貢獻，完全沒有自我，兒子就是她生活的中心。但事實上卻恰恰相反，她才是這段親子關係的掌控者，表面上看她是個無私奉獻的人，實際上她只是為了滿足自我的需求。閻芳華其實是在對兒子進行情緒勒索，她要求兒子完全順從自己的心意，按照她的要求喝湯、吃飯以及找一個像她一樣的女人。

陳立喬從未感受到來自母親的威脅和傷害，他覺得母親是愛自己的，但他也會覺得困惑和憤怒，因為他不得不按照母親說的去做，他根本意識不到自己已經完全被母親掌控了。例如吃青菜這件小事，陳立喬得將青菜全部吃掉，否則就是辜負了母親的一番苦心。閻芳華雖然從未指責過兒子，但她的一舉一動都在暗示兒子，她付出了全部生命，如果他不按照她的要求去做，她所有的心血就全都白費了，這讓陳立喬產生了一種「錯全在自己身上」的錯覺，所以他再不情願，也會喝下母親所準備的湯湯水水。

　　有一些勒索者特別擅長偽裝成無私奉獻的人，並以此作為要挾進行情緒勒索，他堅信自己是個無私的人，所做的一切都是為了受害者好，但實際上他只是在滿足自己的需求。勒索者一旦將自己擺在無私奉獻的地位上，那麼他就會開始要求受害者完全按照自己的意願去做，因為既然他已經在無私奉獻了，受害者不聽他的話就是有罪的。

　　閻芳華總是在不斷強調，她是個完全沒有自我的人，她在用自己的整個生命愛兒子，對兒子好。她將自己視為一個無私奉獻的母親，會為了兒子每天早晨 4 點鐘起床熬製梨湯。所以每當陳立喬試圖反抗時，他就會想起母親的付出，就不得不按照母親的要求去做，儘管他很不情願。

　　這種無私奉獻的情緒勒索形式很簡單，勒索者將自己抬高到一個無私的地位上，受害者只能因自私而羞愧，只能服從，否則就辜負了他的好意。但受害者從來不會將自己的困惑和憤怒歸結到勒索者身上，因為他也認同勒索者是無私奉獻的。

　　勒索者從來不會主動表示自己的無私奉獻，但他會在有意無意中表達出這個意思。例如陳立喬在做了一桌子菜招待朋友時，在座的嘉賓都在驚嘆陳立喬的好廚藝，對於一個母親來說，這本應該是件值得驕傲的事情，但閻芳華卻直接說：「都是半成品！我在兒子的冰箱裡塞滿了經過加工的食

物，蔬菜、汆好的排骨、切好的肉絲，並且按照一頓飯所需的分量放好。」她的言外之意很簡單，那就是這些菜其實都是她的功勞。

在無私奉獻型勒索者眼中，他所做的一切都是為了受害者好，而且這種好容不得質疑和反對，受害者只能接受。那麼勒索者到底想要從這段關係中獲得什麼呢？答案是控制受害者，他認為自己有權力決定受害者的一切。閻芳華不僅要決定陳立喬生活的各方面，比如喝梨汁、喝果汁等，還要干涉陳立喬的戀情，她要求陳立喬一定要找一個賢妻良母型的女人，也就是能像她一樣可以各方面照顧陳立喬的女人。

對於受害者來說，勒索者的無私奉獻會為他帶來困惑和憤怒，他一方面覺得自己根本不想被勒索者所控制，也就是說勒索者所謂的好是強加給他的；另一方面他又覺得自己不應該這樣，畢竟勒索者是為了自己好。例如陳立喬根本不想喝梨湯，卻不得不喝，因為那是母親早起為自己熬製的，而且母親告訴他喝梨湯對身體好。此類勒索者的高明之處就在於，表面上他是在無私奉獻，完全為了受害者考慮，像閻芳華說的她完全沒有自我，她在用自己的整個生命照顧兒子，但實際上，她只是在滿足自己都意識不到的某些個人需求。閻芳華在這段親子關係中完全占據著主動地位，她能從兒子不得不聽話的妥協中獲得自我滿足。

　　無私奉獻這個名頭對於此種類型的勒索者來說是一種驕傲和榮耀，他認為自己占據了道德的制高點，可以對受害者頤指氣使，要求受害者做出犧牲。就像閻芳華在提及女兒未婚的原因時一臉的驕傲，她覺得女兒根本做不到像自己一樣無私奉獻，所以才遲遲未能結婚。在面對子女時，閻芳華無意中站在了俯視的角度上，她覺得不論女兒還是兒子都不可能像自己一樣那麼無私，所以他們必須聽自己的話。

將對方視爲空

　　小梅在朋友的介紹下認識了小明，一開始她對小明沒有什麼感覺，但在一段時間的相處中，小梅覺得小明是個很細心的男人，而且非常關心她，每當她身體不舒服時，小明就會立刻趕來照顧她。小梅覺得遇到一個如此疼愛自己的男人不容易，於是就成了小明的女朋友。

　　有一次，小梅和小明約好下午一起出去玩。後來，小梅接到了小明的電話，小明告訴她自己下午臨時有點事情去不了了。聽到這些，小梅的好心情一下子消失了，她沒等小明解釋原因就直接掛了電話。

　　小明知道自己惹小梅生氣了，在忙完下午的事情後就立刻趕過來安慰她。看到男朋友時，小梅立刻想起了他爽約的事情，就對他置之不理，不論小明問她什麼事情，小梅都不理睬。面對小明的邀請，小梅也都全部拒絕。到了傍晚時分，小明提議一起出去吃飯，此時的小梅已經有所鬆動了，但她又一想，自己不應該立刻答應，否則就相當於原諒他的爽約了，於是小梅再次拒絕。小明只能自己出去吃飯，爲了

表達歉意還順便幫小梅帶了一些食物。

但小梅依舊不肯原諒他，她不吃小明帶來的食物，也不理他。小梅希望小明能為爽約做出一些補償，比如另擇一天去約會，但她就是不主動告訴小明，她希望小明能猜到自己的心思。

在情緒勒索中，冷暴力是一種相當有效且致命的勒索手段。冷暴力者從不會主動表達自己的感受，也不會主動要求受害者去做什麼，但總是用「沉默」來脅迫受害者，而受害者通常都會選擇妥協，因為冷暴力對許多人來說都是難以忍受的。

對每個人來說，價值感、掌控感和存在感這三種感覺都十分重要，但冷暴力卻會嚴重傷害一個人的價值感、掌控感和存在感。

在一段關係中，每個人都在努力尋找存在感，希望對方能看到自己，並對自己的言行做出一些回應。但在冷暴力中，我們是得不到回應的，不論我們做什麼，都無法激起對方的回應，慢慢地，我們會覺得自己沒有存在感，也不被在乎。例如小明在因爽約惹惱小梅後，他一直在主動和小梅聊天，希望能得到小梅的回應，但小梅卻把他當成空氣，讓小明的存在感受到了重大的傷害。

掌控感對一個人來說同樣重要。當我們付出努力，並達

到了預期的效果時，我們就會獲得掌控感，覺得自己占據了主動地位。如果沒有掌控感，我們就會覺得沮喪；如果掌控感長期缺失，我們就很容易陷入憂鬱之中，覺得不論自己怎樣做都無法改變結果，從而對自己的能力甚至是存在的意義產生懷疑。小明為了哄小梅開心做出了許多努力，但小梅就是不給他回應，要麼拒絕，要麼置之不理，小明會覺得自己的努力沒什麼用，他根本無法消除她的怒火，好像小梅一直在生氣，他的掌控感就這樣消失了。

自我價值感的獲得需要得到別人的肯定，每個人都在追求他人的肯定，例如對自身能力的承認，從而獲得一種自我價值體驗。在一段關係中，自己的所作所為得到對方的承認和肯定尤其重要，因為我們的價值感會因此獲得滿足。在上述案例中，不論小明做什麼事情，提議出去吃飯也好，替小梅帶食物回家也好，小梅都沒有做出回應，她的態度就是不接受。小明就會因此覺得自己做任何事情都沒有價值和意義，女友一直在否定自己。

在情緒勒索中，一旦勒索者使用冷暴力，受害者就會因對方的冷漠而痛苦和壓抑，於是受害者會開始不斷尋求解決的辦法，例如主動和勒索者進行溝通，表達自己的感受。但勒索者一般會繼續沉默，表示對受害者的感受不感興趣。在這種冷暴力下，受害者會覺得都是自己的錯，從而做出妥協。

　　冷暴力之所以會讓人覺得很痛苦，是因為受害者認為自己總是得不到重視之人的回應。有一個著名的實驗叫「靜止臉實驗」，這項實驗充分證明了冷暴力帶給人的痛苦。在實驗中，嬰兒會做出微笑和一些其他動作試圖引起母親的注意，並渴望得到母親的回應。但不論嬰兒怎麼做，母親都毫無反應，她無動於衷地用冷漠的表情看著嬰兒。漸漸地，嬰兒的微笑會消失，他開始覺得困惑，他不明白為什麼母親會這麼冷漠。最後嬰兒會忍不住哭起來。

　　所有遭受冷暴力的人都和實驗中的嬰兒一樣有相同的痛苦感受，他們會將所有的過錯都攬在自己身上。例如嬰兒可能會想：「媽媽為什麼不回應我的微笑呢？是不是我做錯了什麼事情惹她不高興了？」

　　遭受冷暴力的受害者通常會將責任攬在自己身上，好像得不到對方的愛是因為自己做錯了事情，或者乾脆認為自己不值得被愛，這恰恰是冷暴力的危害所在。在冷暴力的影響下，受害者的認知會發生不同程度的扭曲，他們會處於一種愧疚又憤怒的情緒中，從而產生自我懷疑、自我否定，最終只能選擇妥協。

　　勒索者的沉默和冷漠表面上看起來似乎是在折磨自己，他明明不滿和憤怒，卻沒有發洩，而是選擇隱忍下來。但實際上，勒索者是在用冷暴力的方式懲罰受害者的不聽話，他在向

受害者傳遞一種訊息：「你傷害到我了，你有義務做出讓步，不然我就不理你。」如果勒索者和受害者的關係很親密，例如是家人、戀人等，那麼勒索者的冷暴力就很容易讓受害者產生絕望無助的感覺，受害者會不知道該如何是好，因為勒索者對待他就好像對待空氣一樣，全不在意。在親密關係中，冷暴力是一種十分嚴厲的懲罰方式，就如同一把殺人不見血的刀。

在某一部電影中，許伯常就在用冷暴力的方式來懲罰妻子劉淑芬。劉淑芬和許伯常有婚約，因此劉淑芬用自己的薪水供許伯常讀大學，她本以為許伯常大學畢業後兩人就能結婚，但許伯常卻在畢業當上高中老師後撕毀了兩人的婚約。

劉淑芬為了能和許伯常結婚，拿著菜刀威脅對方，最終兩人結了婚。婚後的生活對劉淑芬來說真是糟糕透了，丈夫許伯常對她十分冷漠，劉淑芬為了得到丈夫的回應開始用暴力的手段，對許伯常或打或罵，但許伯常依舊很冷漠。

在周圍人看來，許伯常是一個受害者，每天都在遭受妻子的打罵。但對於劉淑芬來說，她遭受的傷害更為嚴重。在一次激烈的爭吵中，劉淑芬對許伯常說：「人們都只看到我打你罵你，卻沒有看到你如何打我。」許伯常立刻反駁道：「你不要胡說，我什麼時候打罵過你。」

接下來，劉淑芬強忍著淚水說了這樣一段話：「你沒有用手打我，但你在用你的態度懲罰我。自從我們結婚以後，我

們所有的東西都分得清清楚楚，你只用你的東西，我摔碎你的杯子，你寧可用碗喝水也不用我的杯子。你讓我覺得，我是世界上最糟糕的人。」

在冷暴力的懲罰下，受害者會失去存在感、掌控感和自我價值感，被對方當成空氣的受害者會覺得自己很糟糕，甚至覺得自己是一個完全沒有價值的人。如果情緒勒索者使用了冷暴力的懲罰方式，例如不理會受害者、用冷漠的眼神看著受害者，那麼受害者就會特別恐慌和害怕，時間長了就會陷入痛苦和自我懷疑之中，就會很容易做出妥協。總之，冷暴力是一把殺人不見血的刀，一旦被運用到情緒勒索中，受害者會因冷暴力陷入糟糕的自我感覺之中，只能任由勒索者為所欲為，勒索者能使受害者的這種糟糕感覺消失，受害者自然會做出讓步。

在冷暴力實施過程中，受害者的認知和感受會發生扭曲，這會導致大多數受害者失去判斷能力，他不知道自己在經歷著冷暴力的折磨，也不知道對方在用冷暴力的方式懲罰自己。那麼，受害者該如何分辨自己是否遭受了冷暴力呢？

遭受冷暴力的人通常會覺得恐懼和痛苦，如果對方的冷漠讓你產生了這種糟糕的感覺，那就要警惕起來了，對方正在用冷暴力的方式對你進行懲罰。而任何正常的關係都不會讓人覺得恐懼和痛苦，更別提產生糟糕的自我感覺了。

全是你的錯，你要對我負責

　　小偉與女友樂樂從高中起就是一對戀人，一直到大學畢業後兩人還在一起，但樂樂的家人不太贊成他們在一起，嫌棄小偉只是普通大學的文科生，沒有好的前程。因為樂樂本身家庭環境不好，所以樂樂的家人希望她找一個條件好的人。那時樂樂與小偉的感情很好，她沒有在意家人的反對，而是選擇繼續和小偉在一起，兩人在同一家公司工作，還共同報考了公務員，他們希望能在通過公務員考試後就結婚。

　　有一次，樂樂去參加了高中的同學聚會，回來後她開始向小偉抱怨：「某某同學竟然結婚了，還嫁給了一個醫生，她明明長得不怎麼樣，卻嫁得這麼好，真是不可思議。大家都以為我會嫁給有錢人，但他們知道我還和你在一起時都露出了惋惜的表情。」樂樂長得很漂亮，從高中時起就有許多追求者，而小偉則是一個再平凡不過的男孩子。

　　從那以後，樂樂好像變了一個人似的，她開始嫌棄小偉的一切，並對小偉提出種種過分的要求。樂樂一直催促著小偉多加班賺錢，她總嫌棄小偉的收入太少，因為她希望兩人

能盡快買房子。除此之外，樂樂還總是情緒失控，每當她遭遇精神壓力時就會對小偉進行語言攻擊，甚至還會摔東西來發洩情緒。每逢假期，小偉必須按照樂樂的要求待在家裡陪她，不能外出和朋友聚會，否則樂樂就會責備他，說小偉不再愛她，「你不陪我就是不愛我」已經成了樂樂的口頭禪。

在公務員考試即將開始的前一週，樂樂因龐大的精神壓力和小偉發生了爭吵，事後小偉提出兩人暫時分開一段時間，冷靜備考。後來，兩人都沒有考上公務員，樂樂開始將所有的責任都推卸到小偉身上，總對小偉說：「都是你害我沒有考上。」之後，小偉發現不論自己如何讓步，如何對樂樂好，都無法滿足她，他幾乎將所有的薪水都交給樂樂保管，還承擔著家裡的大部分家事，但還是無法滿足樂樂的要求。後來小偉在樂樂的催促下努力加班，還利用節假日去做兼職。

為了能獲得短暫的喘息，小偉換了一份工作，這樣上班時間就不用和樂樂見面了。但小偉很快發現他根本無法擺脫樂樂，他每天都會收到樂樂發來的十幾則訊息，樂樂只要稍微不高興就會找他抱怨，抱怨她和同事發生了哪些不愉快的事情或她覺得自己哪裡不舒服。如果小偉沒有立刻回訊息安慰、安撫、開導樂樂，樂樂就會立刻打電話給他，一直打到小偉接電話為止。

　　和樂樂的相處對小偉來說漸漸變成了一件令他窒息的事情，他每天都害怕下班，害怕回家看到樂樂哀怨或憤怒的表情，害怕聽到樂樂的責罵和抱怨。小偉早已沒了和樂樂結婚的打算，但他也無法鼓足勇氣和樂樂提分手，兩人從年少時期就在一起，有許多年的感情，無法說放開就放開。

　　可樂樂卻一直在逼婚，她覺得自己的青春都浪費在了小偉的身上，小偉必須對她負責到底。除了逼婚外，樂樂還逼迫小偉換工作，她總是對小偉說：「你那麼窮，當然得換份賺錢多的工作，我現在都不敢和以前的同學見面。我現在的憂鬱、失眠情緒和胃不好都是因為和你在一起，這一切都是你的錯，你得負責。」

　　小偉覺得樂樂的抱怨有道理，他應該為樂樂負責，他想要滿足樂樂的一切要求。但又覺得自己沒能力賺到很多錢，他開始覺得愧疚，愧疚他無法給樂樂想要的幸福。

　　一段時間後，小偉恍然發現自己似乎沒有任何存在的價值，他的所有生活都圍繞著樂樂的喜怒哀樂展開，完全忽略了自己的感受。在經過一番掙扎後，小偉終於鼓足勇氣向樂樂提出了分手。

　　樂樂根本無法接受小偉的分手要求，她在哭鬧了一番後發現小偉依舊很堅決，於是開始用自殺來威脅小偉。小偉無奈之下只能向樂樂的母親打了電話，讓她將樂樂帶回家。後

來小偉得知，樂樂走出了陰影，並結了婚。

在親密關係中，想要意識到自己正在被情緒勒索是一件十分困難的事情，尤其是在面對自虐型情緒勒索者時，他會將所有過錯都推卸到受害者身上，讓受害者誤以為自己不夠好，需要為勒索者負責。

自虐型勒索者具有嚴重的依賴傾向，他十分依賴身邊的人，尤其是和自己關係親近的人，例如父母、戀人等。這意味著受害者需要對勒索者負責，要將勒索者當成孩子似的滿足他的所有願望，否則勒索者就會透過發火、哭鬧的方式要受害者做出讓步。如果受害者還是不肯讓步，那麼勒索者就會開始威脅受害者，這種威脅一般是透過自虐的方式來實現的，例如，勒索者會說「如果你不答應我的要求，我就絕食」等。

對於自虐型勒索者來說，受害者必須得照顧好他的情緒，一旦勒索者覺得不開心，受害者就必須安慰、開導他，直到他的消極情緒消失為止。上述案例中，每當樂樂和同事發生不愉快時，她都會發訊息給小偉，小偉就必須得將她安撫好，否則她就會不停地打電話給小偉，因為對於樂樂來說，小偉就應該保護好她脆弱的心靈。

樂樂是個很脆弱的人，她極度依賴小偉，常常會黏著小偉，兩人在同一個公司上班，幾乎每天都待在一起。除此之

外，樂樂還總是限制小偉的人身自由，不讓小偉和朋友出去
玩，否則她就會責怪小偉不愛自己。這種脆弱導致樂樂極度
缺乏安全感，尤其在她參加同學聚會回來後，這種缺乏安全
感的症狀表現得更加明顯了。

　　小偉的收入雖然不多，但很穩定，樂樂的收入也很穩
定，本來兩人的日子過得非常安穩、甜蜜，但同學聚會後樂
樂由於缺乏安全感開始對小偉提出了金錢上的要求，她希望
小偉能為自己創造一個優越的物質生活環境。此外，樂樂的
父親有酗酒的毛病，她從小在家暴和貧困的環境下長大，所
以覺得只有金錢才會替自己帶來安全感。

　　樂樂這個自虐型情緒勒索者從未重視過自身的問題，她將
自己人生的決定權交到了小偉手上，她無法主宰自己的人生。
但當樂樂參加過同學聚會後，她發現自己的生活和其他同學之
間存在著很大的差距，她想要彌補這種差距，於是她開始向小
偉施壓，她想要小偉多賺錢，這樣他們才能買得起房子。

　　小偉也覺得自己應該為樂樂的幸福負責，所以他會按照
樂樂的要求去加班、做兼職，小偉根本沒有意識到自己已經
掉入了情緒勒索的陷阱中。自虐型勒索者會讓受害者覺得他
應該為勒索者負責。

　　每個人都會有心情不好的時候，都渴望能得到周圍人的
安慰和開導，但對於自虐型勒索者來說，受害者應該為他的

所有情緒負責，也就是說他不會自己調節情緒。這本該是他自己的事情，但勒索者卻將這個責任推給了受害者。每當勒索者有情緒問題的時候，受害者就必須負責安撫、開導勒索者，否則勒索者就會開始無止無休地抱怨，並將所有的責任都推卸到受害者身上。例如樂樂會對小偉說，她將自己的青春都浪費在了小偉身上，跟著小偉受窮，被同學看不起，還經常憂鬱，甚至有了胃病，所以小偉必須得為她的人生負責，一旦小偉無法滿足她的要求，她就會憤怒、會憂鬱、會胃痛，而這一切都是小偉的錯。

自虐型勒索者有一個終極殺手鐧——自殺，他會用自殺來威脅受害者。沒有人在面對他人的自殺威脅時能做到無動於衷，尤其是這個人與你的關係很密切。在小偉忍受不了樂樂的情緒勒索時，他提出了分手，而樂樂開始用自殺來威脅他。小偉自然很害怕，如果樂樂真的自殺了，他的人生將會背上沉重的愧疚負擔，於是他找來了樂樂的媽媽。幸虧樂樂最終在家人的幫助下走出了陰影，才沒有釀成悲劇。

某日中午 1 點，某社區內發生了一起跳樓自殺事件，一名六十多歲的男子將房門反鎖後從 7 樓跳下身亡。在中午 12 點多時，男子周圍的鄰居就聽到了異常的響動，那時男子不停地將電扇、酒瓶等物品從窗口扔到樓下。後來鄰居們注意到了男子的異常，並報了警。當時這名男子正坐在自家 7 樓的窗臺上，一邊哭泣，一邊說著自己女兒遠嫁的事情。

　　原來，男子的女兒交了一個外地的男朋友，兩人準備結婚，但該男子只有這麼一個女兒，他不同意女兒嫁得那麼遠，因為那樣女兒將無法時時留在自己身邊。但女兒卻執意要嫁給外地的男朋友，男子無法接受，於是就在情緒激動之下選擇了跳樓。

　　男子的女兒之後的日子都會活在良心的譴責裡，她或許永遠無法原諒自己，畢竟老父是因她而自殺。這也正是許多自虐型情緒勒索者使用自殺來威脅受害者的原因所在，他們就是用這種辦法將所有的責任都推給受害者，讓受害者的良心受到譴責，受害者會因內疚所帶來的痛苦而被迫做出讓步。

　　用自殺來威脅的手段雖然很有效，但大部分自虐型勒索者都不會使用。不過一旦使用，很少有受害者能夠擺脫其影響，畢竟受害者擔心對方真的會自殺。

當愛增加了期望的重量

　　小敏和丈夫原先都是工廠員工，後來公司改制，夫妻二人雙雙失業。為了生存，兩人只能在租個小店面賣衣服。生活的艱辛和壓力讓小敏夫婦對兒子小樂寄予了厚望，他們希望兒子能考入知名大學，畢業後找一份高薪體面的工作，不要像他們這樣辛苦。

　　在小樂上國一的時候，小敏夫婦到處託關係，在繳納了鉅額費用後，他們終於如願地將小樂送進了私立中學。小樂本來在普通國中上學，在班上的學業成績屬於中等偏上，進入私立中學後，他的學習就變得很吃力。在入學考試時小樂考了全班倒數第二，他也因此變得很自卑，他覺得班上的同學都比自己優秀。因為自卑和失落感，小樂開始變得鬱鬱寡歡，與同學們的關係也很疏遠。一天，小樂終於鼓足勇氣向母親提出回到原本學校上學的要求。小敏一聽立刻急了：「你真不懂事！你知道爸爸媽媽為了把你送進私立中學費了多大勁嗎？你怎麼一點都不懂得體會父母的苦心！」說著，小敏哭了起來，小樂立刻打消了轉學的念頭。

　　從那以後，小樂為了不讓父母失望開始努力學習，他每天早上 4 點就起床念書。小樂堅持了很久，但成績依舊沒有起色。

　　後來，小樂的同學小文搬到了他家樓上，小文是班上的高材生，小敏得知後立刻拎著水果來到小文家，她想請小文輔導兒子的功課，這樣她就能省下一大筆請家教的錢。起初小文並不同意，他覺得自己和小樂是同學，沒有資格當他的輔導老師，最後在小敏的堅持下，小文終於答應為小樂輔導功課。

　　小樂得知後十分生氣，他覺得很沒面子。但小敏立刻生氣道：「你這孩子真不懂事！是面子重要還是學業重要？」最後，小樂在母親的嘮叨和眼淚的逼迫下屈服了。

　　當小文來到小敏家後，小敏十分熱情地招待了小文，還訓斥兒子要用心向小文學習。小敏這種貶低自己，而將小文捧上天的行為讓小樂的自尊心受到了嚴重傷害，他心裡更加反感小文了，只是礙於母親在場，所以表面上表現得很順從。

　　漸漸地，小文也感覺到了小樂的反彈情緒。有一次，小樂終於忍不住和小文爭吵起來，他說小文就是高分低能，走入社會後就是個廢物。小文十分生氣，他覺得自己每天犧牲了很多時間幫助小樂輔導功課，小樂卻根本不知道感恩，反而責怪自己。一氣之下，小文不再去小樂家。

　　當天晚上，小敏發現小文一直沒來，就問了起來。小樂壯著膽子對母親說：「我和他吵架了，不讓他來我們家。」最後小樂在母親的逼迫下去小文家道歉，請小文每天晚飯後繼續輔導他的功課。

　　從小文家回來後，小敏覺得很丟人，就衝著兒子發火：「你不爭氣，我也跟著丟人，我這麼好強的一個人，從來沒輸過，現在卻因為你矮了人家小文媽媽一截。」

　　在母親的壓制下，小樂的叛逆心理越來越強，厭學情緒也更加嚴重，甚至開始憎恨小文，因為母親總是拿小文和他比較，他覺得如果沒有這個高材生做他的鄰居，他就不會在父母眼裡一無是處了。於是小樂開始找小文的碴，最終和小文大打了一架。

　　當晚，小敏看到小文沒有來，就上樓找小文詢問原因，得知兒子和小文打架後，小敏怒氣沖沖地回了家，她抓著小樂要他去向小文道歉，小樂不肯，死死抓住門框向母親控訴：「在學校，同學和老師都看不起我，回到家還要被你責罵，我不就是成績差嗎，你們為什麼要這麼對我！」說著小樂就哭了起來。看到兒子哭，小敏也覺得很愧疚，就語重心長地對兒子說：「哪個父母不望子成龍，如果你考不上理想的大學，將來會混得和爸媽一樣慘。」說完，小敏也落下了眼淚。

　　此後，小敏開始親自監督兒子讀書，每天晚上都會陪著兒子複習、預習、做作業。但小樂的學業成績卻越來越差，厭學情緒也越來越濃，在國三的期末考試中，小樂依舊是最後一名。在開家長會時，老師要小敏多管教一下兒子，別拖班級的後腿。小敏覺得很丟臉，回到家後訓斥兒子：「早知道你如此不爭氣，當初就應該掐死你！」小樂哭著回到了自己的房間，將書本和文具盒一股腦地扔到了地上。

　　在母親的責罵中，小樂感覺每天都度日如年，他厭惡學校的生活，也不敢回家，後來迷上了網路遊戲，每天都將母親給的早餐錢省下來去網咖玩遊戲，學業方面更是徹底地荒廢了。

　　望子成龍、望女成鳳幾乎是所有父母對孩子的期望，但這種過高的期望卻會給孩子帶來極大的壓力。其實凡是為孩子定過高標準要求的父母，都是將他們對自己的期望強加到了孩子身上。也就是說，他們有著更高的渴望，想要得到更好的生活，可他們卻沒有實現，於是就要求孩子代替自己去實現。就如上述案例中的小敏，她和丈夫因失業不得不辛苦討生活，所以她希望兒子能有一份高薪體面的工作，於是她開始變本加厲地要求兒子好好讀書。

　　在正常的親子關係中，父母愛孩子，就要給孩子無條件但有規則的愛，讓孩子體會到父母的愛。父母想要做到正確

愛孩子的前提，是他們擁有成熟的人格。望子成龍型的父母的人格並不成熟，他們的內心世界是殘缺的、空虛的，他們希望自己成為一個優秀的人，但事與願違，所以他們需要一個人來填補自己人格上的殘缺，這個人往往就是他們的孩子，他們希望孩子能夠按照自己的期望發展，成為他們理想中的人。

小敏和大多數的父母一樣都很愛自己的孩子，但她所提供的愛的品質卻與正常父母不一樣。她會傾盡一切讓兒子成為菁英，但她沒有想到這只是她自己的需求，她把這種需求強加給了兒子，她的愛裡面摻雜了過度的期望，正是這份期望所帶來的壓力壓垮了小樂，最終造成了小樂強烈的厭學情緒。

從另一個角度來看，如果小樂十分認同母親對自己的期望，很努力讀書，學業成績也很優秀，小敏的期望得到了滿足，而小樂也成了社會菁英，有一份高薪體面的工作，那這樣的結果是不是就是最好的了？

新加坡一項 5 年的縱向研究顯示，如果一個孩子從小在過度控制的環境下長大，他會產生強烈的自我批判，也有更高的患焦慮、憂鬱等心理疾病的風險。也就是說，在望子成龍環境下長大的孩子會害怕失敗，一旦經歷了一次失敗，他就會無法振作，從而陷入焦慮憂鬱的狀態。望子成龍的期

望對於孩子來說就會成為一種「詛咒」，一種無法允許失敗的「詛咒」。父母望子成龍的本意是希望孩子過得更好，能成為一個追求卓越的人，但孩子卻會在父母期望的重壓下變成一個無法承受失敗的人。在上述案例中，就算小樂按照母親的意願成功考入了知名大學，畢業後有了一份高薪體面的工作，他也可能會在某一次失敗後陷入焦慮憂鬱之中，且很難走出失敗的困局。

對於小樂來說，母親過高的期望為他帶來了極大的壓力，他無法承受這份壓力，於是開始反抗，例如向母親控訴、沉迷於遊戲。但在現實生活中，不少被寄予厚望的孩子更多的是會產生一種滿足感，例如「羅森塔爾效應」。羅森塔爾效應存在的根本原因是，每個人相當程度上並不清楚自己到底想要什麼，於是會依賴於社會或自己尊重、信任的人對自己的期望來刻劃自己的內心需求。也就是說，父母的期待對孩子來說十分重要，孩子會遵從父母的期待，並將這個期待變成自己的期待。例如父母誇孩子鋼琴彈得好、有音感，將來會成為鋼琴大師，孩子會將這個期待變成自己的期待，相信自己有音樂天賦，並朝著鋼琴大師的方向努力。

這種期待在戀人之間也存在。戀人之間相互磨合，都期待著對方變成自己想要的樣子，如果這種期望得到另一方的認可，那他就會將這個期待變成自己的期待。

　　但望子成龍的期待往往帶有過多的重量，會對孩子帶來壓力，這種壓力會影響孩子的健康成長。其實望子成龍也是一種情緒勒索，勒索者將自己的期待強加到受害者身上，從而填補自己人格上的空缺。

　　對於受害者來說，他會陷入一種非常複雜的情緒中，一方面他會因勒索者的期待而感到滿足，畢竟勒索者是他愛並且信任的人；另一方面他會因期待太過沉重而產生壓力和痛苦。也就是說，受害者根本沒有能力去承擔勒索者的期待所帶來的壓力，他也不應該為勒索者的期待負責。例如上述案例中，小敏期望兒子能考上知名大學，根本不在意兒子在私立中學裡所面臨的龐大的壓力，也根本不在意自己的言行已經嚴重挫傷了兒子的自尊心，就只是一味地要求甚至逼迫孩子努力學習，但其實她的兒子小樂根本沒有責任和義務去完成她的期望。

第三章　撥開迷霧見真容

── 情緒勒索的手法

你不聽話，就是你不對

　　某部電影中的女主角李玩從小一直跟著爺爺奶奶生活，自從父母離婚後，她的媽媽就徹底退出了她的生活，後來父親再婚，繼母生下了一個小弟弟，父親覺得虧欠李玩，就送給了她一隻小狗，希望小狗能代替自己陪伴女兒。

　　起初，李玩很排斥這隻小狗，後來她漸漸地接受了小狗，並與牠建立了十分親密的關係。她替小狗取名為「愛因斯坦」，因為她十分熱愛物理。

　　在學校裡，李玩的學業成績很好，物理成績尤其優秀，但英語成績不太好，父親希望李玩能學好英語，避免在考試中被英語拖了後腿。為此他強制李玩去參加英語小組，本來李玩想要參加的是物理小組，但她在和父親爭吵了一番後選擇了屈服，還乖乖地跟著表姐學習英語。表姐是高材生，負責幫李玩輔導英語。

　　一天早上，李爺爺在買菜的時候弄丟了「愛因斯坦」，他並不在意，在他心裡，「愛因斯坦」不過是件禮物，他決定重新送給李玩一件禮物作為補償。但李玩得知「愛因斯坦」

走失的消息後立刻失控了，她控訴道：「你們找過『愛因斯坦』嗎？」在那天晚上，李玩發了瘋似的尋找「愛因斯坦」，爺爺出門追她，她推了爺爺一把後跑了，爺爺的腳也因此扭傷了。

回到家後，爺爺一邊看著扭傷的腳一邊對奶奶說道：「爺爺奶奶還比不上一隻狗。」在家人們看來，李玩就是一個不懂事、叛逆的少女，他們覺得李玩真的太不聽話了，怎麼能為了一隻狗這樣對待照顧她的爺爺呢？但對於李玩來說，「愛因斯坦」是一個親密的夥伴，是一直陪伴著她成長的夥伴。

在努力尋找無果後，李玩開始約人出去喝酒，她每天很晚才拿著酒瓶回家。家人們都很擔心李玩，紛紛出去尋找，就連十幾年沒出過門的奶奶也外出尋找她。後來奶奶走丟了，父親的憤怒達到了頂峰，當看到李玩拿著酒瓶子回家時，他上前打碎了李玩手中的酒瓶，一邊訓斥、怒罵，一邊拖拽、扭打，李玩的手被破碎的酒瓶給割破了，她恐懼極了，一邊摀著手上的傷口，一邊試圖逃脫父親的控制。最終李玩被父親拖到了車上，一起去尋找奶奶。

找到奶奶後，父親帶著她們回家了。回到家，父親強迫李玩向爺爺奶奶道歉，李玩不肯，父親拖著她，給了她一個耳光，之後李玩試圖逃到自己的房間，卻再次被父親拽到了客廳，最終李玩淚流滿面地向爺爺奶奶道歉，並承諾不再鬧

了。父親這次放過了李玩，李玩逃到了浴室，沖著澡、哭著，並漸漸安靜下來。後來，父親向安靜下來的李玩道歉，並安慰她。

繼母為了讓這個家重歸寧靜，就買了一隻同樣品種的狗送給李玩，家人們都說「愛因斯坦」找到了，但李玩一眼就認出這不是她的「愛因斯坦」，李玩激動地問堂姐：「這不是『愛因斯坦』！你知道的！」堂姐立刻說：「對！『愛因斯坦』耳朵後面有黃白的毛，這隻沒有。」繼母聽到後開始辯解，還一直向堂姐使眼色，堂姐猶豫了一下後說這就是「愛因斯坦」，最終李玩只能接受牠。

之後，李玩開始接受新的「愛因斯坦」。李玩的弟弟昭昭是個很調皮的男孩，他經常拿著晾衣竿打家裡人，家長們都很寵愛他，並未責怪，後來他開始招惹新「愛因斯坦」。新「愛因斯坦」自然對昭昭報以敵對的態度，父親為了教訓新「愛因斯坦」，就用拖把打牠，但這遭到了新「愛因斯坦」更加激烈的反抗，繼母開始嚷嚷著要將新「愛因斯坦」送到狗肉館去。最終李玩伸出手，對新「愛因斯坦」說：「不怕，『愛因斯坦』。」新「愛因斯坦」回到了主人身邊，安靜地臥在李玩的腳下。

由於新「愛因斯坦」傷害了昭昭，家裡人開始打算將牠送走，雖然李玩苦苦哀求，但新「愛因斯坦」還是被送走了。

牠並未被送到狗肉館，而是被父親送到了流浪狗收容所，新「愛因斯坦」因為思念主人，最後在收容所絕望而死。

李玩按照父親的要求參加了英語演講比賽，因為只要她拿到名次，就能獲得保送名額。但是李玩搞砸了英語演講比賽，卻得到了物理大賽的第一名，成功贏得了保送名額。家人都為她高興，父親還說可以滿足李玩一個願望，而李玩的願望只是想知道：「你把我的『愛因斯坦』送去哪家狗肉館了？」

在父親的帶領下，李玩來到了流浪狗收容所，但她的「愛因斯坦」已經去世了。後來，李玩和堂姐在街上走的時候看到了真正的「愛因斯坦」，李玩呆呆地看了一會，然後跑到了一條空無一人的小巷裡摀著嘴痛哭起來，她沒有和「愛因斯坦」相認，甚至害怕牠認出自己來。

情緒勒索者在向受害者提要求時常常會使用一些手法，其中一個常用的手法就是二分法，勒索者會將自己和受害者一分為二，劃分成兩個不同的陣營，勒索者是正義的一方，是好人，受害者則是壞人。為了讓自己好人的身分合法化，勒索者會對自己的要求進行偽裝，讓自己看起來更加高尚，從而讓受害者對自身產生懷疑，並最終做出妥協。

對於李玩來說，「愛因斯坦」是個十分重要的夥伴，牠在李玩的成長過程中扮演了非常重要的陪伴角色，而父親和爺

爺奶奶卻是缺席的。爺爺奶奶雖然照顧著李玩的生活，卻根本不了解李玩。奶奶不知道李玩不能喝牛奶，但每天早上都會為李玩準備一杯牛奶並強迫她喝下。爺爺在孫子出生後甚至說出了「李玩的名字是隨便取的，孫子的名字不能隨便取」這樣的話。父親每天都忙著工作，根本無暇顧及李玩，只一心想著讓女兒學好英語，考上知名高中。

當「愛因斯坦」走丟後，家人們根本不在意李玩的感受，甚至覺得只要再送給李玩一件禮物就可以了。當李玩瘋狂地尋找「愛因斯坦」，並因苦尋無果而到酒吧買醉時，家人們都覺得李玩不懂事、叛逆。在他們看來，李玩就應該壓抑自己的感受，好讓這個家重歸平靜，不然就是她不懂事。

當受害者不肯滿足勒索者所提出的要求時，勒索者就會擺出各式各樣的理由讓受害者相信，只有按照他的要求去做，才是最好的選擇，才是更成熟的表現。勒索者甚至認為自己有權命令受害者服從自己的要求，否則就是幼稚、自私、不懂事，他們甚至會斥責受害者，直到受害者做出妥協。

李玩熱愛物理，她的物理學得很好，父親卻覺得她應該將時間和精力都放在學習英語上。在將參加物理學習小組換成英語學習小組時，李玩與父親發生了第一次爭吵。最終李玩妥協了，因為父親告訴她只有學好英語才能考上知名高中，李玩只能做出妥協，因為父親是為了她的升學考慮。

當「愛因斯坦」走失時，壓抑已久的李玩開始大爆發式地宣洩自己的不滿和痛苦。可最終的結局依舊是妥協，因為在爺爺奶奶、父親這些成年人的眼中，李玩只有安靜地接受他們的安排，才是懂事的、成熟的。最終李玩在父親的斥責、拖拽、扭打中做出了妥協，她向爺爺奶奶道歉，事後卻只能躲到浴室裡宣洩內心的痛苦，直到她漸漸安靜下來。

李玩的理想就是學習物理，父親答應她只要她考好了就帶她去天文館。李玩如約送上了一份優秀的成績單，但父親卻爽約了，因為他要去參加一個飯局，李玩只能跟著父親去出席飯局。在被老闆詢問「有事啊」時，父親脫口而出：「跟您一起吃飯就是這輩子最大的事，人的事還沒搞清楚呢，誰還去管天上的。」或許這只是父親在飯局上隨口而來的客套話，卻深深刺傷了李玩，她覺得她的理想沒有得到父親的尊重，就如同「愛因斯坦」走失時她的感受沒有得到尊重一樣，她甚至覺得父親對她的理想只有不屑。

在二分法這個手法中，情緒勒索中的受害者會慢慢對自己產生質疑，並陷入困惑之中，這時受害者就陷入了勒索者的手法中。每個人都會對自己有一個基本的認識，也就是自我認知，自我認知包括許多方面，例如人格、興趣、價值、觀念等。一旦一個人所提的要求與自我認知相衝突，我們的第一反應往往就是反抗，而勒索者會用二分法的手法讓受害者對自我認知產生懷疑，令受害者覺得自己的堅持是錯誤

的，這樣一來，受害者就會失去反抗的動力，變得很容易妥協。

　　李玩在一次次的反抗中變得越來越容易妥協，她的反抗方式也由激烈變得平靜。當「愛因斯坦」走失時，李玩發瘋般地外出尋找，甚至還推倒了爺爺；但當父親將新「愛因斯坦」送走時，李玩儘管很痛苦，卻平靜地接受了。她開始質疑自己的堅持是否是錯誤的，於是她變得更加懂事。後來李玩在陪同父親參加飯局時，輕而易舉地接受了別人夾給自己的狗肉吃下，而在此之前她十分痛恨吃狗肉。

　　從此以後，李玩被貼上了「懂事」的標籤，她再也不會忤逆、拒絕和反抗，她變成了爺爺奶奶、父親喜歡的模樣，成了一個再委屈也會妥協、不喜歡的東西也不會拒絕的「乖孩子」。

　　在情緒勒索的過程中，由於勒索者將自己視為好人、正義的一方，所以他根本無法接受受害者的反抗，他會覺得受害者是在自我傷害，是不顧及自己的感受的行為，於是他總是脫口而出：「你真是太讓我失望了！」

　　在親密關係中，類似「你真是太讓我失望了」的話會成為情緒勒索者的武器，對受害者帶來極大的傷害，受害者會覺得很痛苦，自我認知開始動搖，從而變得沒有自信、不再堅持。

透過捧高他人來貶低你

　　小周有個男朋友小秦，她從第一眼看到小秦時就愛上了他，她說不清小秦哪裡好，就是愛了，而且愛得無法自拔，每天看不到小秦就會思念他。後來在小周的再三逼婚下，她終於如願和小秦結了婚，她覺得婚姻可以為自己的愛情提供一個保障。但結婚幾年後，小周發現小秦對自己越來越冷漠，而冷漠的婚姻生活讓小周越來越難以忍受。

　　不知從何時起，小周發現丈夫對自己的態度漸漸冷淡下來，他不再和自己開玩笑，也不願意和她做一些親密的動作，例如抱著她，親吻她的髮梢。最讓小周難以忍受的是，丈夫總是拿她和其他女人做比較，還會用十分嫌棄的語氣對小周說：「你看看其他女人，再看看你，一點女人味也沒有！」

　　每當這個時候小周就覺得很委屈，自從結婚以後，她除了白天上班工作，一回到家還會像保母一樣洗衣服做飯打掃環境，而小秦從來不會幫忙，每天下班回到家吃完飯，就坐在那裡玩遊戲。結婚之前，小周也很愛打扮自己，她長得

不錯，打扮起來非常漂亮，可自從結婚後，小周既要工作又要料理家務，每天都忙得焦頭爛額，根本沒時間好好打扮自己。小周一直覺得丈夫應該能理解自己的辛苦，卻沒想到丈夫不僅不感謝她的付出，反而嫌棄起她的形象來。

小周覺得丈夫變心了，雖然他沒有明說自己喜歡上了別的女人，也沒有在她面前露出過任何蛛絲馬跡，但她就是感覺丈夫不再愛她了，不然他不會總是拿別的女人和自己做比較，還特別嫌棄自己不修邊幅的形象和滿身的油煙味。

在日常生活中，「你看看人家」這句話我們經常會聽到，我們總是被拿來與他人進行比較，而這恰恰是情緒勒索者的慣用手法。這種消極比較實際上就是在貶低你，否定你的能力，讓你陷入自我懷疑和恐懼之中，然後屈從勒索者的一種方式。

在上述案例中，小周覺得丈夫小秦在外面有了別的女人，變心了，但實際上小秦是希望透過消極比較的方式要小周打扮自己。但這對小周來說無疑是個過分的要求，她每天的時間和精力都用來處理工作和家務了，根本沒有時間好好修飾自己，而且小秦又不願為她分擔家務。

當情緒勒索者發現受害者無法滿足他的要求時，通常會使用消極比較的方式來貶低受害者。首先勒索者會擺出一個完美的人物形象，然後讓受害者覺得，與這個人相比他根本

就是一無是處，如果受害者表現出了反抗，例如小周會說自己根本沒時間打扮，而且她長得不錯，打扮起來比某某漂亮多了，這個時候，小秦不僅不會意識到自己的錯誤和自私，反而會據理力爭，透過不斷貶低小周來證明自己是正確的。小秦否認小周的感受，甚至開始貶低小周的性格、能力，而小周極有可能會因此開始懷疑自己的感受，覺得小秦說的是對的。

消極比較往往伴隨著貶低，當我們被親近之人貶低的時候會產生十分糟糕的感受，例如覺得自己不夠好，應該努力改變自己，甚至會陷入焦慮之中。這恰恰是勒索者想要得到的效果，因為這樣受害者就會屈服，努力按照勒索者所說的去做，向勒索者證明他並沒有那麼差。例如小周可能會努力擠出時間打扮自己，好向小秦證明她並不是一個邋遢、不修邊幅的女人。

消極比較在親子關係中十分常見，「別人家的孩子」就是許多孩子的噩夢，將自己的孩子與其他孩子進行比較，也是許多家長自認為有效的激勵方式。

小佳的童年就一直在「別人家孩子」的陰影之下，她父母口中最常說的話就是「你看看別人家的孩子」，小佳一直覺得自己的一生就是被父母嫌棄的一生。

小時候，小佳被父母帶著參加家族聚餐時，父母會要她

為大家表演節目助興，例如唱唱歌、跳跳舞。小佳性格靦腆，不情願當眾表演，這時父母就會說，你看看某某家的某某某，比你還小呢，就可以在公眾場合又唱又跳了。

5歲時，小佳去上學，她覺得書包太沉，想要爸爸幫忙背一下。爸爸一聽立刻發火了：「你看看某某家的某某某都不用爸爸背書包，她能自己背書包，你怎麼那麼嬌弱！」

上大學時，小佳在坐公車的時候不小心被偷走了2,000塊錢，那是她身上僅有的現金，沒了錢就沒了生活費，於是她向父母打電話說明情況，希望父母能幫自己寄點錢過來。但父母得知小佳弄丟了錢後，立刻劈頭蓋臉地罵了她一頓：「你自己怎麼就不能多注意一點啊！誰像你呀，這麼大了還要父母為你擔心，你看看某某某，她就從來沒讓父母操心過。」

小佳掉了錢，心情本來就不好，被父母這麼一罵，她立刻委屈得哭了，越哭越傷心，她開始覺得自己是一個被父母嫌棄的孩子。從小到大，她從沒有被父母誇獎過，父母總是嫌棄她這也做不好那也做不好，每當小佳反駁時就會招來更嚴厲的責罵，小佳甚至想不通自己到底做錯了什麼，要被父母這樣嫌棄。

大學即將畢業時，小佳開始參加實習。實習期的薪水很低，只有一萬塊。有一次，小佳想參加一個演講培訓班，她

的薪水根本不夠，在猶豫了一段時間後，小佳終於鼓足勇氣打了電話給父母，她想向父母借錢。結果小佳又遭到了父母的數落：「某某某也是實習生，人家的薪水怎麼就那麼高，你卻還要向我們借錢，你丟不丟臉啊。」

這一次，小佳徹底爆發了，她非常生氣地對父母說：「你們愛怎麼說隨便，反正以後都不要打電話給我，我也不會打電話給你們了！」說完，小佳就掛了電話。從那以後，小佳就再也沒和父母聯絡過，儘管後來父母陸續打過電話給她，但小佳一次都沒有接。小佳與父母的決裂，在她的父母看來，責任全在小佳身上，小佳太不懂事了，也不夠成熟，動不動就要小孩子脾氣。但在小佳看來，父母根本沒在意過自己的感受，總是拿自己和別人家的孩子進行比較，讓她覺得很傷心、委屈。

在這段親子關係中，小佳明顯是情緒勒索中的受害者，而她的父母則是勒索者，所使用的勒索手法就是消極比較。當小佳總被父母拿去與別人家的孩子進行比較時，小佳會對自己的自我價值感產生懷疑，她覺得委屈、憤怒，對自己也越來越沒有信心，因為父母在用這種方式貶低她。

在孩子的眼中，父母本應該是為他提供幸福、安全感的存在，所以當他被父母拿去與別人進行消極比較時，他就會因父母的貶低而陷入一種十分痛苦和無助的感受中，開始懷

疑自己不夠好。拿出一個完美的形象來與受害者進行比較只是勒索者操作的第一步，接下來，勒索者就會提出要求，只要受害者按照他的要求去做，受害者就會得到勒索者的肯定。例如小佳性格靦腆，不願意當眾表演，當父母說某某某就能當眾唱歌跳舞時，小佳會覺得自己表現得不夠好，於是勉強當眾表演，從而得到父母的誇讚。而如果受害者不按照勒索者的要求去做，那麼勒索者就會以更加嚴厲無情的話語去貶低受害者，打擊受害者的信心，直到受害者按照他的要求去做為止。

消極比較的情緒勒索手法在日常生活、職場中都相當常見，它會使受害者陷入充滿嫉妒、競爭壓力的環境當中，受害者為了得到勒索者的肯定，會努力改變自己從而滿足勒索者的要求。如果勒索者提出的要求太高，那麼受害者就會陷入一種自我貶低的困境中，因為他發現無論自己怎麼努力都無法達到勒索者的要求，並因此喪失自信、開始貶低自己的存在價值。就算受害者努力達到了勒索者的要求，他也會產生委屈和隱隱的憤怒感，因為他犧牲了自己的需求。

搬救兵，孤立你

　　小方出生在一個殷實的家庭裡，從小生活無憂，在大學畢業後，家裡託人幫他找了一份工作，這份工作待遇不錯，還很輕鬆，最重要的是距離家很近。家人都希望小方能按照家裡的安排在家鄉工作，只要他回家，房子、車子、工作一應俱全。但小方最終選擇了去大城市，一個距離家鄉很遠的大城市。

　　小方一個人在外地打拚，過得很辛苦，但他從未想過回家，因為這裡有自由，他覺得就算辛苦也很開心。但父母不同意小方獨自一人在外地生活，他們希望小方能按照他們的安排回家鄉。起初父母只是勸小方，說待在外地很辛苦，回家過日子會很舒服。後來他們發現根本無法說服小方，於是就搬出了親戚，讓他們出面勸小方。

　　從那以後，小方每天都能接到舅舅舅媽、叔叔嬸嬸的電話，甚至連 80 多歲的奶奶也開始逼迫小方回家，奶奶還開始絕食，並告訴小方，只要他一天不回家，她就一天不吃飯。小方無奈之下只能選擇回家，他覺得自己不能眼睜睜地看著

奶奶餓死。辭去外地的工作後，小方回到了家鄉，進了家裡幫他安排的公司。

　　小方雖然按照父母的安排過上了舒適的生活，但他並不快樂，他經常會懷念起自己在外地的辛苦生活，那個時候的自己很開心，也很自由。

　　搬救兵是情緒勒索者的慣用手法之一，當勒索者發現自己根本無法迫使受害者屈服時，那麼他就會祭出「搬救兵」這個法寶，發動親朋好友來支持自己，以向受害者證明自己是正確的。在親密關係中，勒索者十分了解受害者，例如受害者最尊敬、關心的人是誰，這往往會成為勒索者迫使受害者妥協的軟肋，他會努力讓這些人去說服受害者。在上述案例中，小方最關心、尊敬的人是他的奶奶，當父母搬出奶奶，奶奶透過絕食威脅小方的時候，他再也無法堅持下去了，只能按照父母的安排回家鄉的公司去上班。

　　搬救兵的有效之處在於，受害者會感到孤獨和挫敗。人是一種群居動物，在自然界，人只有群居在一起才能生存下來，這是生物長期進化的結果。現如今，一個人想要生存下去不必再群居，但群居的心理狀態卻依然保存了下來，具體表現就是人無法忍受孤獨，尤其畏懼被排擠，也就是說每個人都需要他人的支持，尤其需要親密夥伴的支持和關懷，例如家人。

對於每個人來說，能夠得到自己信任、尊敬的人的支持，是一種很大的激勵。相反，如果我們被自己信任、尊敬的人反對、打擊，我們就會覺得孤獨和挫敗，從而感到更大的壓力，甚至陷入焦慮之中。一旦情緒勒索者使用了搬救兵的方法，那受害者就會覺得自己被排擠了，為了重新融入親朋好友的群體之中，受害者自然會做出妥協。

在上述案例中，小方的父母在說服兒子回鄉無果後，就搬出了親戚，讓小方的舅舅舅媽、叔叔嬸嬸去說服他，這樣一來親戚都站在了小方的對立面上，他自然會覺得自己被排擠了，就會因為無法得到父母、親戚的支持而產生壓力。恰恰在這時，小方最尊敬、關心的奶奶也站在了父母的那一邊，這無疑是壓垮駱駝的最後一根稻草，不出所料，小方終於屈服了，他放棄了自己的快樂和自由，接受了父母的安排。

當勒索者發動親朋好友去勸說受害者，逼受害者屈服時，實際上不只運用了情感壓力，還運用了社會壓力，那就是社會上普遍認同的傳統文化的價值觀，例如孝道文化。

傳統的孝道文化有著十分悠久的歷史，從西周時期就開始興盛起來了。在孔孟時代，孝道文化講究父慈母愛而子孝。到了宋元明清時期，中國的孝道文化開始呈現出極端的一面，子女要無條件地服從父母的任何要求，孝順父母是天

經地義的，否則就會遭到懲罰，例如家法伺候。

　　現如今，不少父母還秉承著極端的孝道文化，並經常藉此來教育子女、要求子女。對於勒索者型的父母來說，子女就應該無條件地遵從他們的意願，因為這是「孝道」的要求。實際上，對於勒索者型的父母來說，子女與他們在人格上是不平等的，子女沒有獨立自主的人格，就應該以父母為中心，子女只能壓抑自己的正常情感。在上述案例中，小方的父母自認為他們的安排是對兒子好，實際上是不尊重兒子自己的選擇，他們根本沒有將兒子視為一個獨立自主的個體，他們根本不知道脅迫兒子回家鄉公司上班這件事，已經深深傷害了他。

　　2016 年 3 月，網路上發表了一則新聞，有位 27 歲的女子因為不堪忍受父母的逼婚而跳樓輕生，還留下了一封遺書，遺書中有這樣一句話：「你們安排冥婚吧，我再也不會反抗了。」自殺女子不僅相貌姣好，學歷高，收入也不錯，但她根本不想結婚，卻在父母、親朋好友的逼迫下不得不去相親。

　　根據輕生女子朋友透露的消息，自從她 20 歲起就開始被父母以各種方式逼婚，後來父母開始搬出親朋好友一起逼婚。起初父母只是勸她，告訴她女子一生最重要的事情就是嫁人生子，沒必要有那麼高的學歷，更不需要高薪的工作。

後來父母開始責罵她：「女人生來就是結婚生孩子的，不結婚不生孩子的女人，還不如去死。」

女子告訴朋友，如果有個男人這麼罵她，她必然會反擊，但現實卻是自己的父母和親朋好友這麼說她、罵她，將她貶低得一無是處，她很無奈，只能默默接受。她一直覺得自己在父母和親朋好友的眼中就是一個毫無價值的廢物，而且隨著年齡漸漸逼近 30 歲，父母和親朋好友開始更加瘋狂地逼她結婚，好像她不結婚就是犯了天大的錯誤一樣。父母還總是對她說，女人年齡越大就越不值錢，就像菜市場的菜一樣，早上三十塊一公斤，中午十五塊一公斤，到了晚上白送都沒人要。

後來，女子的父母在社區內到處幫女兒找對象，還要社區的住戶為女兒介紹合適的結婚對象，鬧得整個社區都知道這位女子是個恨嫁的女人。最終女子不堪忍受父母逼婚所帶來的壓力而選擇了輕生。

女子渴望父母能夠尊重自己、給自己自由，但同時又無法擺脫父母的情感束縛，最終她選擇了一個極端的方式來擺脫父母的控制 —— 用輕生來對抗父母，以達到報復父母的目的。在女子看來，父母十分好面子，將面子看得比女兒還重要，覺得女兒遲遲沒有結婚就是丟他們的面子，最終女子選擇用自殺來撕破父母的面子。

　　從另一方面來說，女子是想要透過自殺的方式來得到解脫。女子生前不只一次地向朋友表示，她已經被父母逼迫得喘不過氣了，已經很憂鬱了。女子之所以會陷入悲觀厭世的狀態中，就是因為父母使用了搬救兵的情緒勒索手法，讓親朋好友都站在女子的對立面譴責她，這樣一來，女子就陷入了孤立無援的境地，她沒有愛情、親情的支持，還要經常遭受父母、親朋好友的羞辱和責罵，後來甚至整個社區都知道她是個恨嫁的女子了，這讓她更加難堪。她無法忍受這些，又不想做出妥協，隨隨便便就找個人嫁了，於是選擇了自殺。

　　我們或許能抵擋一個人、兩個人的壓力，堅持自己的感受和需求，可是當自己身邊所有的人都開始勸說自己時，就很難堅持下來了，我們會動搖，我們的自信心會受到極大的打擊。

　　每個人都需要周圍人的支持，當你發現自己有很多人支持時，即使是再大的困難你也有勇氣堅持下去。反過來，即使你很堅決，堅持要做某一件事情，但當周圍的人都反對，沒有一個人支持你時，那麼你的勇氣就會像洩氣的皮球一樣漸漸乾癟，因為獨木難成舟，一個人的堅持真的太困難了。獲得他人的肯定和支持是人的一項基本心理需求，尤其是親朋好友的支持，一旦他們聯合起來反對你，你很難堅持下來。

　　對於情緒勒索者來說，搬救兵不僅能瓦解受害者反抗的決心，還能增加勒索者逼迫受害者妥協的信心，因為勒索者有親朋好友的支持，而受害者沒有，受害者會覺得孤立無援，心理防線會變得很容易被瓦解，他甚至會產生一種錯覺，覺得自己的堅持背叛了親情、友情，自己是個自私的人。這種無力感和罪惡感會使任何情緒勒索的受害者放棄堅持的立場。

　　如果這時受害者也搬出救兵，那麼勒索者就會慌亂。例如一個不婚主義者在父母逼婚時對他們說，他沒有結婚的打算，父母這時會語重心長地勸他，在他們看來，每個人都要經歷結婚這個過程。但當他的父母有一天得知，他加入了一個小團體，裡面全是不婚主義者，父母就會憤怒和慌亂，因為在父母看來，周圍人都結婚了，孩子很快會因為孤立無援而妥協，但不婚主義者小團體的出現，讓他們意識到孩子是有支持者的，這樣一來孩子的心理防線會變得更加難以突破。

被利用的恐懼、責任感和內疚

在一部電視劇中，嫻妃是個是非分明、謹言慎行的妃子，她一直獨善其身，不依附皇后，也不願加入高貴妃的陣營。在深宮之中，嫻妃一直牢記著父親對自己的教誨，要做一個堅持原則的人，但她的母親卻一直試圖讓女兒放棄原則，為家族謀取利益。而嫻妃沒有輕易放棄自己的原則，她一直在努力抵制著母親的善誘甚至是逼迫。

嫻妃有個弟弟，在入宮之前她十分疼愛這個弟弟。後來嫻妃從母親那裡得知，弟弟因涉嫌參與朝中大臣貪腐案被捕入獄，母親希望她能向皇上求求情，救弟弟出來。嫻妃沒有答應母親，她告訴母親後宮不得干政。當嫻妃得知獄中的弟弟生病後十分擔心，於是她私底下四處籌錢為弟弟請醫生看病。當皇后得知嫻妃的困境後，就給了她足夠的銀兩，嫻妃將這筆錢交給了母親。

母親沒有按照女兒所說的去請醫生，而是慫恿丈夫拿著錢去賄賂主審官。很快行賄的事情就暴露了，嫻妃的父親因此入獄。嫻妃的母親只能再次入宮請求女兒的幫助，表

面上她一直在苦苦哀求女兒，實際上就是在對女兒進行情緒勒索。

母親指責嫻妃軟弱無能，她認為嫻妃既然是家中長女，又位居妃位，就應該保護家人的周全，救出獄中的父親和弟弟就是她的責任。不斷加強受害者的責任感是情緒勒索者經常使用的手法，他會不斷強調受害者應該對他負責任，讓受害者覺得犧牲自己滿足對方的需求是理所當然的。

嫻妃本可以堅持自己的原則在宮中踏實、悠然地生活，但母親卻時刻提醒她、逼迫她，告訴她作為家中的長女，又做了皇上的嬪妃，有責任和義務讓父母、弟弟沾光，所以既然父親、弟弟入獄了，嫻妃必須不惜一切代價將他們從獄中救出，這樣才能證明嫻妃是個合格的女兒。

責任感是每個人在社會化的過程中都要培養的一種能力，如果沒有責任感，一個人就會變成一個自私自利的人。同時，責任感對每個人來說又是必需的，我們需要責任感來約束自己，從而做出某些自我犧牲。例如父母覺得自己要對孩子負責任，會將自己的一部分積蓄和精力拿出來培養孩子。如果沒有責任感，父母就會變成不負責任的父母，這對孩子來說將是一場災難。

對於情緒勒索者來說，責任感強烈的受害者恰恰更好控制，因為受害者會將讓步和自我犧牲視為理所當然。如果妻

子是個責任感特別強烈的女子，她自認為自己有義務照顧好孩子和丈夫的衣食住行，那麼丈夫在要求她做出犧牲時就會特別容易，因為每當丈夫強調她身為妻子、母親的責任時，妻子都會做出讓步。例如丈夫要求妻子將家裡打掃得一塵不染，妻子表示孩子很小，很容易將家裡弄得又亂又髒，不用每天都打掃得很乾淨。面對妻子的反抗，丈夫開始強調她身為妻子的責任，於是妻子只能忍氣吞聲地打掃環境。

對於情緒勒索者來說，受害者有責任去滿足自己的任何要求，否則他就會向對方施壓。面對丈夫、兒子的入獄，嫻妃母親十分恐慌，她害怕面對家破人亡的悲劇，於是她將自己的恐懼和焦慮都轉移到女兒身上，認為女兒有責任消除她的恐懼和焦慮。在電視劇中，嫻妃並未答應母親的要求，而導致母親自盡而亡。如果嫻妃真的答應了母親的要求，保住了一家人的周全，她的母親難保不會再一次對她進行這種情緒勒索，因為對於她來說，女兒就應該滿足她的一切要求。

當嫻妃母親看到女兒遲遲不肯答應自己的要求時就開始威脅她：「如果你不救你弟弟，我就和你斷絕母女關係！」她的威脅沒有發揮作用，嫻妃依舊堅持自己的原則，於是母親開始指責她：「你當你的好人，等你弟弟上了斷頭臺，你永遠別想看到我這個額娘了。」在得到兒子的死訊後，嫻妃的母親跑到宮中指責女兒：「我最後悔的事情就是生了你這麼一個軟弱無能的女兒！如果你去求皇上，你弟弟就不會死在牢

裡，你對得起誰？家破人亡都是你的錯！」最終她當著女兒
的面，一頭撞死在城牆上。在母親死後，嫻妃陷入了深深的
罪惡感之中，她開始接受母親強加給自己的責任，踏上了蛻
化之路。

　　內疚是一種會讓人很痛苦的感受，它常常伴隨著自責和
自我貶低。同時內疚也是一種不可或缺的社會情感，一個人
如果沒有內疚的感受，就意味著他不會在意社會規範，會輕
易做出傷害他人的行為，對社會帶來極大的危害。

　　內疚在某種程度上造成規範行為的作用，有利於人與人
之間的相處和交往。可對於當事人來說，內疚是一種非常痛
苦的感受，他會責怪自己，懷疑自己，甚至傷害自己。每個
人都會對自己抱有一種盲目樂觀的心理，認為自己更有道
德，例如在離婚時夫妻雙方都喜歡將責任推卸給另一方。這
種心理會使人在產生內疚時更加痛苦，因為它伴隨著對自我
的自信心甚至是自我價值的打擊，因此引起受害者的內疚感
會成為勒索者的有力武器。

　　情緒勒索者之所以能輕易讓受害者感到內疚，是因為他與
受害者之間往往有著很親密的關係，例如親子關係。嫻妃即使
再想堅持做自己，也無法擺脫與母親的羈絆。母親總是說嫻妃
是個懦弱無能的女兒，她顯然是在貶低嫻妃，從嫻妃後來的宮
鬥能力來看，她絕對不是一個懦弱無能的人，嫻妃母親此舉顯

然只是想透過貶低來刺激女兒進行反抗，使女兒答應自己的要求。但顯然她沒有成功，並選擇了決絕的自殺方式，利用內疚感和自責感懲罰了女兒，由此激化了嫻妃的蛻變。

對於情緒勒索者來說，將所有的責任都推卸給受害者是他們慣用的手段，他們會直接指控受害者傷害了某人，從而使受害者產生內疚感。例如嫻妃在將皇后賞賜的銀兩送給母親後，母親慫恿父親去賄賂主審官，結果事情敗露了，從而導致嫻妃弟弟死在獄中，父親也因此入獄。本來這一切責任都是嫻妃母親的，但她卻將責任都推卸給了女兒，責怪是女兒無能才造成了這種困境，導致家破人亡的罪魁禍首就是女兒。於是在母親一頭撞死在城牆上後，嫻妃就開始帶著對家人無盡的內疚改變自己。

除了責任感、罪惡感外，情緒勒索者還十分擅長利用受害者的恐懼感，通常的表現方式就是威脅，例如嫻妃母親用斷絕母女關係來威脅她。由於關係親密，勒索者對受害者十分了解，深知受害者最在意的是什麼，所以會以此作為威脅迫使受害者放棄反抗。當一個人意識到自己即將失去最在意的事物時，就會恐懼和焦慮，為了減輕這種恐懼和焦慮，他就只能按照勒索者的要求去做。總之，勒索者十分擅長利用受害者的恐懼感、責任感和內疚感，並將這三種感受放大，使受害者被這三種感受支配，並在這些糟糕的感受中痛苦掙扎，從而為了擺脫痛苦而滿足勒索者的一切要求。

第四章　水的靈魂
──情緒勒索者的心理

情感上的飢渴

　　在電影《黑天鵝》（*Black Swan*）中，女主角妮娜（Nina）是紐約劇團中一名出色的芭蕾舞演員，她從小在母親的嚴格管教下學習芭蕾舞，不僅舞技突出，還非常乖巧、漂亮，很討人喜歡。此時，妮娜所在的劇團正在重新排演《天鵝湖》（*Swan Lake*），領舞貝絲（Beth）恰好離開，總監湯瑪斯（Thomas）決定從劇團的芭蕾舞演員中重新選出一名領舞，他認為妮娜是個不錯的人選，這對妮娜來說也是一次難得的機會，她極有可能會因此一舉成名。

　　領舞者需要同時扮演白天鵝和黑天鵝，按照湯瑪斯的要求，妮娜不僅要演出白天鵝的高尚、純潔與善良，還要演出黑天鵝的邪惡、狡詐、熱情與淫蕩。對於妮娜來說，展現出白天鵝的美麗與純潔十分簡單，但她無論如何都演不出黑天鵝的邪魅。這與妮娜的成長經歷密不可分。

　　妮娜的母親曾經也是一名優秀的芭蕾舞演員，由於意外懷孕被迫生下了妮娜，從那以後母親就放棄了芭蕾舞，開始培養妮娜。母親對妮娜的管教嚴厲而冷酷，妮娜從小就非常

聽話，在練習芭蕾舞時十分刻苦。在母親的培養下，妮娜成了一隻完美的白天鵝，純潔且脆弱，但缺少奔放的熱情、青春的活力，而這恰恰是扮演黑天鵝所需要的。因此妮娜雖然是白天鵝角色的不二人選，卻無法表現出黑天鵝邪惡、誘惑的特徵，妮娜因一時無法完成角色轉換而陷入了困境。

妮娜的母親是個控制慾極強的女人，她對妮娜有著極高的期望，她失去了自己的事業，也沒有丈夫，女兒就是她唯一的精神支柱，她必須得控制住妮娜，否則她就失去了一切。她的母愛已經變質，她沒有將妮娜視作一個獨立的個體，而是當成了自己實現願望的工具，她經常對妮娜說：「為了生下你，我犧牲了自己的事業。」於是，在母親的培養下，妮娜成了一個十分貼心的女兒，一切都按照母親的意願來。

母親全方位地控制著妮娜的人生，從學芭蕾、彈鋼琴這樣的人生大事，到吃多少蛋糕、穿什麼衣服、剪指甲這樣的生活瑣事，全都由母親一人說了算，妮娜甚至連自己的隱私都沒有。

妮娜所在的劇團有一個名叫莉莉（Lily）的舞蹈演員，她與拘謹的妮娜不同，是個大膽活潑、充滿活力的女孩。與妮娜一樣，莉莉也很想得到領舞的機會。在一次表演中，莉莉成功地展現了領舞的邪惡和誘惑，得到了大家的讚賞，於是湯瑪斯決定將莉莉作為領舞的替補人選。

　　有了競爭者，妮娜開始拚命練習，由於每天都活在高度緊張之中，龐大的心理壓力使得妮娜身心俱疲，她的腳趾也因長時間的練習都快要黏在一起了。更讓人心驚的是，妮娜開始用手用力抓撓背部，她的背部經常出現傷痕。與此同時，妮娜的精神狀態開始出現異常，她出現了幻覺。有一次，妮娜在獨自練習的時候聽到了異常的響動，當她跑過去看的時候，看到了總監湯瑪斯正在和莉莉做愛。當然這一切都是妮娜自己的幻覺，她人格中黑天鵝的一面已經開始出現了。

　　在一次重要演出中，妮娜的一個舞蹈動作不小心出現了失誤，湯瑪斯十分生氣。後來妮娜回到化妝間時看到了莉莉，莉莉諷刺她說還不如將黑天鵝的角色讓給自己，之後兩人發生了激烈的爭吵，妮娜失手用玻璃碎片殺死了莉莉。妮娜將莉莉的屍體拖到洗手間後就回到了化妝間，然後她看到門縫中有鮮血流出，她立刻拿毛巾去堵住門縫。就在這時，莉莉打開了化妝間的門，她來向妮娜表示祝賀，她覺得妮娜剛才演得很好。原來剛才的一切都是妮娜的幻覺，洗手間裡也沒有屍體，她剛才是用玻璃碎片刺入了自己的腹中。

　　每個人都需要得到他人的關心和關注，這是我們與生俱來的情感需求。在情感的支持下，我們才會覺得生活有意義，遇到困難也能鼓足勇氣去克服。但如果一個人的情感需求沒有得到滿足，那麼他將沒有精神依託，會因為找不到生

命的意義而感到空虛，並且總是被一種飢渴感所籠罩，這種感受在心理學上被稱為喪失感。

喪失感會使一個人極其渴望他人的愛，從而證明自己存在的價值。許多情緒勒索者都被如影隨形的喪失感所籠罩，所以才會用情緒勒索的方式來填充自己，從而擺脫喪失感所帶來的痛苦。

在電影《黑天鵝》中，妮娜的母親曾是個芭蕾舞演員，這是她的人生意義所在。但意外懷孕使得妮娜的母親失去了一切，她不能再跳芭蕾舞，也沒有丈夫，於是她只能將所有的精神寄託都傾注到女兒妮娜身上，她開始傾心打造妮娜，想將妮娜培養成一個優秀的芭蕾舞演員。

對於妮娜母親來說，妮娜的到來給她帶來了許多痛苦，她彷彿一下子失去了存在的意義，想要活下去，她就必須尋找到新的生命意義，來填充她的喪失感，而她找到的這個新的意義就是妮娜。為了不再體會到喪失感所帶來的痛苦，她開始全方位地控制妮娜，執拗地不讓妮娜成長為一個獨立的人，她讓 28 歲的妮娜穿粉色睡衣、外套，還將妮娜房間的床單、被罩都換成粉色，屋子裡到處都放上毛絨玩具。表面上，妮娜一直生活在童話王國裡，實際上母親是在用這種方式控制她，她不允許妮娜長大，因為那意味著妮娜將不再被她所掌控。

妮娜是聖潔的，同時也是脆弱的，她的人性一直被母親壓抑著，無法面對真實的自己。在扮演黑天鵝這個機會面前，妮娜開始正視自己人性中黑暗的一面，例如慾望、嫉妒和暴力。正因為妮娜無法再像以前那樣迎合母親了，母親便開始干涉妮娜，她想將妮娜重新變成那個不會反抗、不會有自己看法和情緒的女孩。

之後妮娜開始陷入痛苦、迷茫和恐懼之中。在母親的長期教導下，妮娜已經將母親的願望、價值觀內化為自己追求的目標，她將母親的夢想視為自己的夢想，她很渴望能成為一名優秀的芭蕾舞演員，而這恰恰是母親年輕時的夢想。母親的價值觀、人生觀也深深影響了妮娜，妮娜一直都在追求完美、聖潔，所以她才能完美地演繹出白天鵝這個角色。但妮娜在莉莉和總監湯瑪斯的刺激下，漸漸發現自己壓抑的慾望，但這一切都和母親的教導截然相反，她變得迷茫而恐懼，因為母親不認可這些被壓抑的慾望，她自己的內心也不認可。於是妮娜開始透過各種方式來尋找被壓抑著的自我。

喪失感是一種十分痛苦的感受，會讓人覺得自己失去了所擁有的一切。當一個人被喪失感所籠罩的時候，他就會變得異常貪婪和自私，他想在親密關係中控制一切，想要得到對方全部的關注和愛，但他依舊不會因此滿足，因為喪失感會讓人產生強烈的飢渴感。

在電影《燃燒烈愛》(*Burning*) 中，女主角惠美曾對老同學鍾秀說，每個人都是飢餓者，一種是生理上的飢餓，另一種是精神上的飢餓，精神飢餓者渴望尋找人生的意義。惠美就是一個被喪失感所籠罩的人，她渴望得到人們的關注，於是去整容，去學習演戲。從此惠美無法回家，家裡人也不關心她。

當一個人被喪失感所籠罩時，會覺得特別孤獨，想要化解孤獨就必須尋找到人生的意義，而這個人生意義通常就是得到他人的關注和愛。但不是每一個人都有愛人的能力，像惠美，她就沒有愛人的能力，她明明愛鍾秀，卻和富二代 Ben 在一起，因為他能滿足惠美在物質上的需求。惠美也曾多次暗示鍾秀，她真正愛的人是他，但鍾秀卻一直沒有回應，最終惠美死在了 Ben 這個變態殺人狂的手中。

喪失感會使一個人變得殘缺，為了不再殘缺，他會透過各種方式來填補精神上的空白，來填補這種喪失感。例如惠美會找不同的男人，還會去尋找各式各樣的刺激，比如到非洲去旅行。而對於情緒勒索者來說，他會牢牢地掌控一個人，讓對方來滿足自己的情感需求，從而填補因喪失感而帶來的空白。可勒索者的貪婪會使得他越發變本加厲地向受害者進行索取，受害者會發現無論自己如何讓步都無法使勒索者滿意，於是受害者會開始反抗。

在電影《黑天鵝》中，白天鵝和黑天鵝都屬於人性，分別展現了人性的不同側面，但女主角妮娜卻只展現出了白天鵝的一面，因為她的母親就是這樣教導她的。在母親的強壓下，妮娜壓抑了自己的慾望，她儼然不再是一個獨立的人，而成了填補母親空缺的存在。

妮娜的母親將女兒培養成一隻純潔無暇的白天鵝，其實是為了滿足自己的心理需求，她將所有的責任都推卸到意外懷孕生子上，所以她不允許妮娜像自己一樣陷入愛河、意外懷孕，於是她用自己的期望來引導妮娜的人生之路，她不允許妮娜走「岔路」。當她發現妮娜被黑天鵝的角色影響時，她也努力將妮娜拉回「正確」的人生道路上來。但妮娜卻在努力擺脫母親的情緒勒索，她對控制、束縛自己的母親發出了怒吼：「你的乖女兒已經死了！」

每個人都需要精神寄託，否則就會變成情感飢渴者，總是渴望用一些事物或人來填補自己的空缺，例如有些人會對金錢有著十分強烈的渴望。這也意味著情感飢渴者很容易變成情緒勒索者，因為他需要一個人的愛來填補自己，而一旦對方和他建立了親密的關係，他就會用情感牢牢控制住對方，然後以愛的名義來勒索對方，使對方將所有的愛都傾注到自己身上。

無法擺脫的無能感

在電影《一念無明》中,男主角阿東是個躁鬱症患者,他因失手殺死常年臥床養病的母親而被送入精神病院,在他出院時,他的父親黃大海來接他。黃大海前半輩子幾乎沒有管過這個兒子,阿東對他來說是個很陌生的人,而且還是個有過暴力犯罪史的躁鬱症患者。黃大海內心也很掙扎,他想要念及骨肉親情照顧阿東,卻又擺脫不了世俗的眼光,他必須得和阿東一起承受周圍人異樣的眼光。在接回阿東的當天晚上,黃大海在自己的枕頭底下放了一把錘子以防不測。

黃大海對阿東來說,不僅是個陌生的父親,阿東心底裡還很怨恨這個父親。母親總在他面前抱怨父親,她常常對阿東說:「你和你那個混蛋老爸一模一樣。」在看到父親時,阿東說:「我不認識你,你也不認識我。」

當黃大海實在無法承受照顧阿東的壓力時,他向遠在美國的小兒子阿俊打了一個電話。阿俊是阿東的弟弟,通過考試留在了美國。阿俊了解了基本情況後對黃大海說:「你可以把他送回精神病院,然後自己找一個養老院,錢不是問題。」

黃大海拒絕了小兒子冷冰冰的勸告，他說了一句話：「什麼事都能交給別人嗎？」

黃大海最終選擇留在阿東身邊照顧他，而沒有接受小兒子的勸告去過屬於自己的快樂日子。但年輕時期的黃大海並不是一個可以承擔責任的男人，他選擇了離開妻子，而當時留在妻子身邊的只有阿東。當然這也不能完全怪黃大海，因為阿東的母親是個情緒勒索者，她自己被困在無助的人生中，便將阿東也拉入了深淵，可以說阿東躁鬱症的源頭就是他的母親。

阿俊看起來是個自私自利的人，卻是一家四口中唯一一個擁有正常生活的人，他沒有像阿東一樣留在母親身邊，而是選擇了逃避，從而也避免了成為母親情緒勒索的對象，使自己能夠正常地活著。

留在母親身邊的阿東，獨自承受著照顧生病母親的重擔，還要承受母親的喜怒無常。當阿東幫母親捏腿時，不小心力氣使大了，剛才還很安靜的母親會突然發火：「你要弄死我啊！」面對母親的暴怒，阿東只能一次又一次地將委屈和憤怒都壓抑在心裡。母親常常對阿東說：「為了你，我犧牲了一切，放棄了一切，我現在過得這麼慘都是因為你！」阿東自認為自己是個孝子，但他在母親身邊生活得卻很壓抑，他不敢放聲大笑，也不敢努力追求屬於自己的幸福，他潛意

識裡認為自己過得快樂就是對母親最大的背叛。

在母親生病前，阿東從未得到過父母的關愛。父母偏愛學業成績優秀的弟弟阿俊，總是忽視阿東。在母親病重後，父親跑了，弟弟待在美國不肯回來，他只能獨自照顧母親。

長期受母親情緒勒索的阿東開始變得易怒，他其實是憎恨母親的，但他無法接受自己憎恨母親這個事實，於是他拚命壓抑自己對母親的憎恨，從而導致了內心衝突的激化。在一次暴怒和發病時，阿東殺死了母親。

從精神病院出來後，阿東變得安靜多了，在父親的陪伴下，阿東的躁鬱症也慢慢得到了緩解，遇到前女友時阿東忽然覺得人生有了新的希望。在被關進精神病院前，阿東和女友已經準備結婚了，兩人還貸款買了一間小房子。

阿東為了盡快還完房貸，曾借了許多錢炒股，結果失敗了，之後阿東就因為殺母被送進了精神病院裡。這意味著還房貸的壓力全落到了女友一個人身上，她十分吃力，眼看就快要付不下去了，為此她十分怨恨阿東，覺得自己的痛苦都是阿東造成的。在得知阿東出院後，女友主動找到他，並將他帶到了教會，她告訴阿東自己在教會中獲得了許多幫助。

在教會裡，女友當眾發表演說，她講出了自己痛苦的經歷，而這些痛苦都是阿東帶給她的，她曾經刻骨銘心地憎恨著阿東，現在她決定寬恕阿東。女友ㄇㄇ聲聲說要寬恕阿

東，卻讓阿東覺得非常痛苦，他情願女友當眾唾棄自己，而不是列數自己所造成的罪孽並給予他寬恕，於是在離開教堂後，阿東到超市裡瘋狂地吞噬巧克力，他想透過吃巧克力來緩解自己的痛苦。女友這麼做並不是在寬恕阿東，只是在緩解她自己的痛苦。

電影中阿東的母親曾經生活在一個環境優越的家庭裡，讀過書，頗受家人寵愛。她一直念念不忘自己曾是個千金大小姐的經歷，覺得自己可以嫁得很好，過著舒適的日子，但命運對她開了一個大玩笑，她嫁給了一個貨車司機，人生一落千丈，後又因病痛纏身跟著大兒子在社會底層生活，小兒子阿俊倒是在美國過著不錯的日子，但卻不肯帶她一起去。於是她產生了不滿與憤恨，並將這一切都發洩在唯一肯照顧她的阿東身上。

阿東的母親從未走出過生活巨變所帶來的陰影，也從未擺脫過這種挫敗感和失落感，她想要回到以前的生活卻無能為力，她的安全感已經被這種龐大的落差摧毀了。她一直很恐懼這種極大的失落感，當意識到自己根本無法掌控自己的人生時，她對世界產生了一種不信任感，於是她寄希望於丈夫、兒子，希望他們能幫助自己擺脫眼前糟糕的生活。

表面上，阿東母親是個喜怒無常的老人，根本不珍惜阿東這個肯留下照顧她的兒子，實際上她十分依賴阿東，所以

會恐懼阿東離開自己，或者將她扔到養老院不聞不問，那樣她的情況將會變得更加糟糕。所以她會用情緒勒索的方式牢牢控制著阿東，每當阿東有不合她心意的行為時，她就會立刻暴怒。例如阿東替她捏腿時不小心力氣用大了，她就立刻開始發火。這本是再小不過的一件事，根本不值得發火，但缺乏安全感的她會把這件小事當成潛在的大災難，她擔心阿東對自己不耐煩，擔心阿東會拋棄自己，所以才會採取發火這樣激烈的手段進行反擊。

阿東一切悲劇的源頭都在於他的母親，對於阿東來說她是個情緒勒索者，但同時她也是個可憐的女人，她已經被生活所拋棄，丈夫兒子都遠離了她，她已經完全喪失了生活的勇氣，而且也完全沒有改變生活的能力，可以說，如果沒有阿東，她就無法存活。

重大的挫折對每個人來說都是一種痛苦的折磨，有的人會努力走出挫折所帶來的陰影，有的人卻成了情緒勒索者，將自己的痛苦轉移到別人的身上。阿東的母親無法依靠自己的能力戰勝挫折，她本身對婚姻有著很高的期望，希望依靠丈夫重新過上以前的優越生活，卻失敗了，後來丈夫更是在她重病時提出了離婚，拋棄了她。她已經沒有了戰勝挫折的勇氣，還一直生活在對挫折的恐懼中，因此她會變得草木皆兵，小小的不如意就會使她暴怒。

　　在面對挫折時，許多人都會產生一種無能感，覺得自己根本沒有辦法解決困難，但多數人都會透過各種管道漸漸地使自己擺脫無能感，重新振作起來。但阿東的母親沒有做到，她一直恐懼著挫折，一直被困在無能感之中，所以她緊緊地控制著阿東，因為那是她唯一可以依賴的人。

　　阿東雖然憎恨母親，但卻被孝道牢牢地控制著。父親和弟弟都拋棄了母親，他卻沒有，還執意不肯將母親送到養老院裡，對身體完全不能自理的母親進行貼身照顧。這可以使他從孝順和承擔照顧母親的重任中獲得一種自我道德滿足的驕傲。

　　當情緒勒索者遭遇龐大的壓力時，通常會變本加厲地對受害者進行情緒勒索，因為他內心對挫折的恐懼感已被壓力激發出來了，為了避免被什麼都無法抓住的無能感所支配，他只能牢牢抓住自己僅有的東西。阿東母親從頗受寵愛的千金小姐變成一個在底層社會討生活的婦人，她一直想改變自己的境遇，卻無能為力，所以她將這種深深的恐懼感埋在心底。當她病重時，龐大的內心壓力喚醒了她對挫折的恐懼，被丈夫、小兒子拋棄時，她變得更加無助，為了抓住僅有的阿東，她成了一個情緒勒索者，利用阿東的孝心激發他的愧疚感，把她牢牢鎖在身邊，才由此造成了阿東這一生的悲劇。

享受被需要的感覺

　　小麗是個 20 歲出頭的女孩，她在城裡一邊工作一邊念大學，每天生活得很辛苦，卻充實而自由。她終於離開了媽媽，不用每天被媽媽監控，但她仍然每天都能接到媽媽的電話和簡訊。媽媽要求她發工作照片、住處照片、每天的生活照片，這讓小麗覺得自己沒有自由空間，她曾忍不住向媽媽提出異議，希望媽媽能諒解她，但媽媽卻怎麼也不聽，還總是打電話，要麼罵小麗沒良心、不孝順，要麼就是向小麗哭訴自己很孤獨，希望女兒能陪在她的身邊。

　　在小麗來城裡工作前，她的媽媽一直極力反對，她希望女兒可以一直留在村裡陪她一起務農，即使小麗提出她想要念大學，她的媽媽也反對。後來在小麗的堅持下，她終於如願離開媽媽來到了城裡，她不想自己的一輩子就這麼在村子裡過完，可是來到城裡後，小麗還是未能擺脫媽媽。

　　小麗從小與媽媽相依為命，在她 6 歲時爸爸就去世了，媽媽獨自一人將小麗撫養長大。小麗家裡的經濟狀況不好，日子過得很艱辛，但媽媽非常疼愛小麗，她會盡量節省用在

121

自己身上的開銷，把好的東西都留給小麗。隨著年齡的增長，小麗想要離開家裡，媽媽卻很捨不得，她甚至不希望小麗嫁人，這樣小麗就能永遠留在她身邊陪伴她了。

在親密關係中，雙方總要付出些什麼，因為每個人都能從付出的過程中體驗到被需要的感覺，人與人之間的相處需要這些「被需要感」。

在親子關係中，孩子對父母的依賴是天性使然，因為他需要十幾年的時間才能長大成人，並擁有獨立的能力。絕大多數的父母都會享受孩子對自己的依賴，孩子需要自己，父母會有一種強烈的被需要感。可是對於孩子來說，這種依賴、不獨立的感受並不好，因為這意味著自己的渺小和無能，所以我們才會在青春期時出現渴望獨立的叛逆期。

子女總有一天會長大成人，在走向獨立的過程中，有些父母會覺得受不了，因為他們漸漸意識到自己不再被孩子需要了。如上述案例中，小麗小時候什麼也不會，什麼事情都依賴媽媽，她的媽媽又只有女兒這一個親人，所以她十分享受對女兒的付出，享受女兒對自己的依賴。隨著小麗漸漸長大，她開始能獨當一面，什麼事情都有了自己的想法，例如到城裡工作、念書，她的媽媽因此覺得女兒不再需要自己，所以竭力阻止女兒的離開。

如果付出方有著十分強烈的被需要感，那麼這種付出將

會成為彼此親密關係中最大的殺手，付出方會變成情緒勒索者，對另一方進行綁架和壓迫，而勒索者的藉口就是「我是為了你好」。勒索者在表達這句話的時候會採用不同的方式，有的勒索者會正義感十足地將其說出來，有的勒索者會採用委婉的方式，而不論是哪種方式表達，都會對受害者帶來壓迫感。

在親子關係中，有的父母總會將孩子視為一個脆弱的個體，因為脆弱需要被保護，而父母會從保護孩子的過程中體驗到存在感和被需要感。例如在考大學填志願的時候，有的父母會直接忽略掉孩子的意願，擅自決定孩子應該報考的科系和學校，他們沒有將孩子視為一個獨立的個體，覺得孩子凡事都需要他們照顧、做決定，其實父母只是在控制孩子而已。

小偉從小在媽媽無微不至的照顧下長大，媽媽每天早上會按時叫小偉起床，為他準備好早餐和要穿的衣服。大學畢業後，小偉離開媽媽，去了法蘭克福留學。

在小偉離開後的第一天早晨 7 點鐘，小偉媽媽習慣性地想叫兒子起床，於是就打了電話給他。法蘭克福與家鄉有 6 個小時的時差，小偉那邊正是凌晨 1 點，熟睡中的小偉迷迷糊糊地接起電話，對母親說：「我剛睡著，求你別吵醒我！」

到了晚飯時分，小偉媽媽又開始擔心兒子吃不慣西餐，

於是立刻打電話給小偉，詢問他在吃什麼。後來類似的事情多了，小偉被媽媽惹急了，就關了機，不再接電話。在多次撥打無效後，小偉媽媽就把電話打到了兒子同學的手機上，後來兒子同學也無奈關了機。小偉媽媽只能向兒子德國的女朋友打電話詢問情況，說她很擔心小偉，女孩了解情況後就勸她：「現在是上課時間，關機很正常。」

在女朋友的勸說下，小偉決定晚上空下來回個電話給媽媽。等小偉處理完所有的事情後已經到了晚上八、九點，那時已經是家鄉時間的凌晨兩、三點了。但此時的小偉媽媽還沒有睡覺，她不放心兒子，在等兒子的電話。

後來，小偉媽媽乾脆不顧 6 個小時的時差，跟著兒子的時間表生活。她每天都要掌握兒子的確切行蹤，還要進行貼身指導，例如她會在每天中午 1 點鐘打電話給兒子，要他起床，教他如何準備早餐，還會在他即將出門時囑咐他不要忘帶手機。小偉媽媽還密切關注著法蘭克福的天氣狀況，好提醒兒子當天穿什麼衣服。其實，小偉根本不需要媽媽的貼身指導，他可以並且也需要學會搞定自己生活中的一切。

對於小偉媽媽來說，小偉需要她這個母親，但實際上是她離不開小偉，她需要小偉，她甚至沒有自己的生活，而完全依賴小偉給她的這種被需要感。但小偉媽媽卻從不承認自己需要小偉，她製造出一種假象，一種小偉離不開她、需要

她貼身指導才能生活的假象，這種假象會讓小偉媽媽覺得自己是被兒子需要的。

但這對小偉來說恰恰是一種情緒勒索，他會產生一種壓迫感，他只能按照母親的要求時時刻刻報備自己的行蹤，否則母親的奪命連環電話就會使他煩惱不堪。母子關係固然是一種親密關係，但像小偉媽媽的這種親密度只會使小偉感到窒息，小偉曾試圖逃避，例如將電話關機，但後來他還是不得不做出妥協。

如果一個人長期在密不透風的親密關係中生活，除了會感到窒息外，還會養成過分依賴的性格，例如有的媽媽為了滿足自己的被需要感，會全方位地照顧孩子的生活，最後孩子養成了一種依賴型人格，在離開媽媽時生活就會變得一團糟，想要脫離媽媽自己獨立生活，卻又做不到，這時孩子就會被一種憤怒感和無力感所籠罩。

有許多父母為了滿足自己的被需要感，會全方位地控制孩子的一切，甚至會採用恐嚇的方式，將各種負面資訊灌輸給孩子，例如說出大城市如何危險，只有留在父母的身邊才最安全這種話。在這樣驚嚇式的教育方式下，孩子會沒有安全感，從而不容易獨立，也就更容易被父母所控制，更難擺脫父母對自己的情緒勒索。

另外還有一種滿足被需要感的方式十分常用，即貶低。

有的父母會明著暗著貶低孩子獨立自主的能力，弱化孩子獨
自生活的能力，從而迫使孩子只能依賴父母，以達到將孩子
留在自己身邊的目的，這樣父母就能充分享受這種被依賴的
感覺。例如上述案例中，小偉媽媽就是在用貼身指導的行動
來暗示兒子：「你無法獨立處理生活中的問題，你需要我幫
助你，你離不開我。」其實這只是小偉媽媽在享受被需要的感
覺，以證明自己的價值。

心理年齡仍是嬰兒

　　某大學製作的動畫短片《巨嬰》，以十分誇張諷刺的敘述方式一針見血地揭示了一個問題家庭的教育模式。在一個三口之家中，父親對孩子的教育十分冷漠，幾乎不管不問，他只負責家裡的經濟開銷，他也是家裡唯一的經濟來源。母親則恰恰相反，十分溺愛兒子，對兒子提出的任何要求都會極力滿足，在母親無微不至的照顧下，兒子成了一個「巨嬰」，雖然已經成人，卻沒有成年人的擔當，猶如嬰兒般需要依賴父母。

　　到了中年，兒子依舊無法獨立生活，每天需要母親為自己穿衣、餵飯、刮鬍子，他唯一會做的就是拿著遊戲機打遊戲，還經常以命令的口吻讓母親為自己做這做那，顯然將母親當成了保母。父親則從來沒有插手過兒子的教育，他對兒子不管不問，任由兒子過著衣來伸手飯來張口的生活。

　　後來，父親出車禍去世了，家裡唯一的經濟來源被切斷了，生活一下子變得拮据起來。除了經濟困難，父親的去世並未對母親和兒子帶來太大的情感波動，兒子依舊過著衣來

127

伸手飯來張口的生活，自私地向母親索要錢財，母親為了養活自己和兒子，只能拖著年邁的身體去賣廢品，但兒子一點也不關心母親如何辛苦，每天都沉浸在自我的快樂和享受之中。

當兒子像小時候一樣向母親索要錢財、購買自己喜愛的物品時，母親拿出了自己剛剛賣廢品得來的幾百塊錢，看到錢不夠，兒子立刻變得惱怒起來。無奈之下，母親只能掏出自己的一個腎來滿足兒子，去換取兒子想要的東西，得到滿足的兒子立刻繼續沉浸在自我的快樂之中，毫不關心失血過多的母親，甚至都沒有發現母親已經去世了。後來兒子餓了，嘴裡嘟囔著母親為什麼還不做飯，他喊著母親，母親沒有回應。當兒子發現母親趴在沙發上已經死去時，沒有自理能力的他只能鑽回母親的肚子裡去了⋯⋯

在當今社會中，像這樣的「巨嬰式教育」十分常見，父母將孩子視為生活的重心，尤其是母親，她們將孩子看得過重，生怕自己的孩子受到一丁點傷害、一丁點挫折，所以一直用對待嬰兒的方式來教育孩子，並盡可能地滿足孩子的一切願望和要求，即使孩子犯了錯誤也會輕易原諒。如果父母對孩子不教育，不加以正確引導，只是一味地滿足其要求，這樣只能培養出一個成年嬰兒來。

「巨嬰」的心理和嬰兒無異，雖然他們已經成年，卻像個

嬰兒一樣生活在與父母共生的狀態中，他會認為所有的人、事物都要圍著他轉，且以他的自我意志為轉移。大部分情緒勒索者也是這樣的心理，他認為不管自己想要什麼，對方都必須滿足自己，所有的事情都必須以他為中心，所有的人都必須愛他，且不能有任何抱怨和不滿。也就是說，巨嬰心理會使情緒勒索者無法考慮對方的感受，也根本不會在意對方的犧牲和妥協，這樣一來，他只會將對方推得越來越遠。

一個「巨嬰」的背後必然站著一對溺愛他的父母，溺愛型的父母會在孩子幼年犯錯時庇佑他，或者對孩子的所有事都全包全攬。在溺愛的教育方式下，孩子很容易發展成巨嬰，成為一個處處依賴他人，無法離開父母獨立生活，不能對自己成年後的事情負責的人，也就是說巨嬰總感覺自己理所當然地需要別人的照顧。

小北是一名剛剛畢業的大學生，是個剛剛進入職場的新人，她總希望同事們能對自己噓寒問暖。她不論做什麼都需要人陪，還無法接受別人的拒絕。一旦有人拒絕了小北，小北就會很不高興，一整天都黑著臉，當有人問及她怎麼了時，小北會回答說：「我不習慣一個人。」

有一次，總監安排了一項任務給小北，要她盡快完成。可過了好幾天總監都沒有收到回音，後來總監才了解到小北還未完成工作任務，當被問及原因時，小北十分委屈地說：

「這幾天同事們都好忙，根本沒有人幫我做，我一個人搞不定。」

對於巨嬰來說，他可以任性地向任何人進行索取，只要他需要，別人就必須像父母一樣對他無限地包容，以滿足他的索取，他從來不會意識到自己的責任。在上述案例中，小北就是一個典型的「巨嬰」，她凡事都依賴他人，不習慣一個人獨自去完成任何事，即使是總監派下來的工作，小北也要依賴同事才能完成。

除了溺愛的教育方式外，忽視孩子心理需求的教育方式也很容易產生「巨嬰」。嬰兒在最初了解世界的過程中，會覺得所有的事情都能夠實現、所有的需求都能得到滿足。如果父母能夠滿足嬰兒的正常需求，而不是所有需求，那麼嬰兒會漸漸形成一種健康的心理狀態，即意識到自己並非世界的中心，並慢慢接受這個觀念。如果父母忽視了嬰兒的基本需求，嬰兒會產生一種無助感，從而陷入自戀狀態中，無法對世界產生客觀的認識，因此當遇到挫折時，他們會直接忽略掉，即從心理層面上進行否認。

2016 年的某天，陳力與妻子季美在家中發生爭吵，爭吵過程中陳力用雙手扼住季美的頸部，導致其機械性窒息死亡，在意識到季美死亡後，陳力沒有報案，而是將她的屍體藏到了冰箱中。

陳力和妻子季美在 2014 年結婚，陳力的工作是銷售員，季美自從大學畢業後就一直在一個教育培訓機構裡擔任老師，據學生家長和同事們反映，季美是個安靜、內向且很有愛心的女孩。

在殺死妻子後，陳力為了不被發現，開始偽造妻子還活著的假象，他用妻子的手機發社群動態，與親朋好友交流，還用各種藉口推託妻子的見面邀約。不僅如此，陳力還用季美的信用卡騙貸，盜刷將近 20 萬元，還多次拿著妻子的身分證與不同女子進出酒店。三個月後事情敗露，陳力不得不投案自首。

據報導，陳力從小父母離異，他和母親一起生活，在母親、外婆和阿姨的照顧下長大，父親則建立了新的家庭。陳力從小和阿姨的孩子一起長大，母親在同時照顧他們的時候，總是傾向於將所有的關注都放在阿姨的孩子身上，對陳力疏於照顧。由於沒有得到應有的關愛和教導，陳力成長為一個「巨嬰」，他的母親也從未意識到兒子的心理變化，在她心裡，兒子一直是個很乖的孩子。

陳力被捕後，他的母親並未表現出對被害者季美的愧疚，也沒有對其父母表示歉意，只是一味地為兒子辯護：「我的兒子一直很乖，膽子很小。這個事情確實是我兒子不對，但他是無意的，他只是失手了，下手後他應該馬上報警搶

救，但他害怕了，他只是一個孩子，沒有經歷過什麼事情。我就這麼一個兒子，現在發生這樣的事情，千錯萬錯都是我的錯，他是無意的，他只是一個孩子。」

陳力幼年時經歷了父母離異，從小在單親的環境下長大，再加上母親對他疏於照顧，導致他的心理需求沒有得到滿足，於是他陷入了「自戀狀態」中，對生活中的道德善惡沒有正確的認知，即使已經成年，心理年齡依舊停留在嬰兒階段。

對於陳力這個「自戀的巨嬰」來說，他根本無法客觀地認識周遭的人或事物，也無法接受一切對自己不利的資訊，只在意自己的需求，而忽略他人的感受。陳力在與季美結婚後，依舊和其他女子有不清不楚的聯絡，季美經常因此和他發生爭執，但陳力根本沒有意識到自己在犯錯誤，他只是覺得季美應該無限地包容自己。

當一個正常人遭遇失敗時，他會產生挫敗感。像陳力失手殺死妻子的事情，正常人都會陷入恐慌、內疚之中，但陳力沒有，他對殺死妻子這個事實進行了心理否認，即忽略掉這個客觀事實，所以他沒有恐慌，更沒有內疚。在將妻子的屍體放到冰箱中後，陳力開始若無其事地偽造妻子還在世的假象，用她的手機向親朋好友發簡訊、打招呼，照常遛狗。也就是說，陳力否認自己殺死了妻子這個客觀事實。

　　不論是在溺愛下長大的「巨嬰」，還是在忽視下長大的「巨嬰」，「巨嬰」成年後的心理仍舊無法「斷奶」，他們的心理年齡一直停留在嬰兒階段，只知一味地對他人進行索取，最終成為一個情緒勒索者。

只要你幸福，我怎麼樣都可以

　　小青和男友是大學時認識的，兩人的感情一直很穩定，在進入職場三年後的一天深夜裡，小青突然接到了男友發來的簡訊。男友向她提出了分手，理由是他的家境不好，能力不好，以後無法賺到很多錢，不能為小青提供優越的生活，他覺得長痛不如短痛，所以他選擇了分手，最後他還說只要小青能得到幸福，他怎麼樣都可以。小青讀完這則簡訊後立刻痛哭起來，很長時間內都對男友念念不忘。

　　三個月後，小青在參加朋友聚會的時候看到了前男友的身影，他牽著自己的新女友，兩人看起來十分恩愛。後來小青從其他朋友那裡得知，前男友和他的新女友已經交往了半年之久。小青立刻意識到自己被騙了，前男友明明出軌了，急切地想要和自己分手，好投入新歡的懷抱，卻反過來將他自己置於道德的制高點，將分手說得那麼偉大，還讓小青一直處於內疚之中，之前她一直以為是自己要求太多，才導致前男友向她提出分手。

　　小青的前男友明明是自己出軌想要分手，卻偏偏要假裝

成情深義重的樣子，他這麼做無非是想盡快地擺脫掉小青。畢竟在這段戀愛關係中，小青是個不錯的戀人，兩人的感情也沒有出現裂痕，所以如果他明確提出分手，並主動地表達自己的歉意，很可能會被對方抓住把柄進行威脅，萬一小青不答應分手並做出什麼傻事來，他就更難收拾了。

於是，小青的前男友決定以愛的名義來達到分手的目的，他先描述了自己的種種缺點，說自己配不上小青，無法為小青提供優越的生活，最後提出分手，並說出了那句「只要你幸福，我怎麼樣都可以」這樣頗具愛意的話，使自己一下子從一個出軌男變成了一個為愛犧牲的深情男，占據了道德的制高點，從而輕易地將分手的一切責任都推卸給了小青。他在暗示小青，導致兩人分手的原因並不是他不好，而是小青的要求太多了，這樣小青就陷入了自責和內疚的情緒中，無法繼續糾纏下去，他也就達到了自己的目的。

在情緒勒索中，「只要你幸福，我怎麼樣都可以」這句話具有很強的勒索力。表面上看，這句話溫情脈脈，勒索者似乎做出了極大的讓步和犧牲，實際上卻在束縛受害者，讓受害者產生罪惡感，從而服從勒索者提出的要求。

在上述案例中，小青的前男友在向她提出分手時，雖然說著充滿愛意的話語，但實際上卻在對小青進行施虐，只是他將自己這種施虐的意圖隱藏在愛意之中。前男友這麼做達

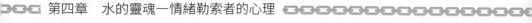

到了自己分手的目的，而且對小青進行了精神折磨，使小青一直處於自責之中，如果不是小青參加聚會時意外發現前男友出軌，她或許一輩子都會對前男友念念不忘。具有施虐傾向的情緒勒索者，通常都十分擅長隱藏自己施虐的意圖，他們會用道德綁架受害者的方式，一邊說著「只要你幸福，我怎樣都可以」，一邊控制著對方。

小南和女友已經談了幾年的戀愛，兩人準備結婚，由於女友是獨生女，她的父母要求小南入贅，小南覺得沒什麼就答應了下來。當他將這個情況告訴父母後，遭到了父母的極力反對，他們不允許兒子入贅。

當小南的父母看過他的女友後，仍然不同意，他們再次對小南表示了不滿：「你們倆在一起不適合，我們就不能再考慮一下？」小南告訴父母，他這輩子就認定女友了。最終在小南的一再堅持下，他的父母只能答應，並對小南說：「好吧，只要你幸福，我們怎樣都可以！」聽到父母這樣說，小南不僅沒覺得輕鬆，反而覺得很沉重，父母的這句話就像一把枷鎖，牢牢地束縛住了小南，他知道父母根本不同意這門婚事，因為父母希望他結婚後能留在他們身邊。

小南父母的這句話從心理上束縛住了小南，讓小南產生了愧疚感，好像離開父母就是不孝。其實小南父母對兒子有著十分強烈的依賴心理，表面上他們是為了小南的幸福而不

得不做出讓步，實際上是希望小南重視他們的讓步，他們對小南的心套上了一把枷鎖。

如果小南父母真的衷心祝福兒子，他們就會換一種說法，例如說：「好啊，到時候我們過去再買一間房子，一家人還是可以經常見面。」或者說：「只要你們兩人感情好就行，你喜歡就好，結婚是你自己的事情，一定要好好把握。」這樣一來，他們就能避免對小南帶來罪惡感，小南會開開心心地和女友結婚，並享受婚姻生活，而不是一直處於愧疚和不安之中。

情緒勒索者說出了「只要你幸福就好，我怎麼樣都可以」這句話，大多數情況下都是在用「愛」束縛受害者、傷害受害者，如果受害者也認為這是愛的表達，那麼他將很難擺脫對方的情緒勒索，長此以往他就會漸漸習慣接受這種操控，從而慢慢壓抑自己的感受和想法，無法獲得快樂。

「只要你幸福就好，我怎麼樣都可以」這種說法看似給予了對方無限的自由和選擇的權利，實際上是在進行道德綁架，因為受害者會因為愧疚感而影響到原本的開心和快樂。例如一個男子想要調到外地去工作，這樣一來他能有更多的機會獲得成功，可是另一方面，他就無法全心全意地照顧家庭，而需要妻子付出更多的愛和包容。當男子和妻子商量此事時，如果妻子說：「你想去就去好了，反正只要你覺得幸

福就好。」那丈夫的內心一定會因妻子的道德綁架而感到沉重，因為妻子的言外之意是說：「你真是太自私了，只顧著自己的成功。」就算男子真的去了外地，獲得了升遷的機會，也很難快樂起來。如果妻子真的為男子的未來考慮就會說：「這是一次難得的機會，你一定要好好珍惜，你放心，家裡的一切我都會安排好的。我相信你一定會獲得成功，你的成功就是我的驕傲。」

對於情緒勒索者來說，或許他自己也不會意識到他正在束縛、控制受害者，因為他十分認同「只要你幸福，我怎麼樣都可以」這句話，他認為自己是出於愛做出了犧牲和讓步。如果受害者想要擺脫這種情緒勒索，就必須意識到這種情緒勒索並非愛，而是對方的一種習慣性的依賴和道德綁架，因為真正的愛並非束縛，而是「你開心我也會開心，你的快樂才是我的快樂」。也就是說，受害者只要對對方的「愛」感覺到了沉重和內疚，就要警惕了。

除了「只要你幸福，我怎麼樣都可以」這句話外，「我都是為你好」這句話也十分常見，而且同樣可怕。這句話同樣是勒索者在打著愛的旗號進行操控和束縛，因為他的言外之意就是：「我是愛你的，所以你得按照我喜歡的方式去做事，接受我的操控，按照我的意願來。」

小靜在準備婚禮的時候和父母鬧得很不愉快，她和父母

發生了非常嚴重的分歧和爭執。小靜想要旅行結婚，簡簡單單就好，但她的父母不同意，因為村裡嫁女兒都是熱熱鬧鬧的。可是熱鬧的前提是花錢，除了聘禮外，還要加上金飾、服裝和擺宴席的錢，小靜覺得這樣開銷太大了，完全就是鋪張浪費，毫無意義，所以她提出旅行結婚的想法。但她的父母覺得婚禮就要按照傳統習俗來，還對小靜說：「村裡凡是嫁女兒的人家都是這樣辦婚禮的，我們這樣做其實是為了你好。」

小靜父母嘴上說著是為了女兒好，實際上只是為了滿足自己的面子問題，因為村裡嫁女兒都是風風光光、熱熱鬧鬧、大擺宴席的，如果他們讓女兒旅行結婚，省了一切場面，他們就會覺得臉上無光。如果他們真的為了小靜好，就應該尊重小靜的意願，畢竟這是小靜的婚禮，是屬於她自己的人生大事，她才是真正的主角。

很多人之所以會成為情緒勒索者，其實就是因為他們不敢面對自己內心的問題，而試圖將受害者捲進自己的內心糾葛之中，以達到解決自己內心問題的目的。例如「只要你幸福，我怎麼樣都可以」這句話，表示情緒勒索者其實十分依賴受害者，勒索者因無法擺脫這種依賴，所以借用愛的名義控制對方，以滿足自己依賴對方的內心需求。

「我」即世界中

　　小琴在親戚的介紹下認識了各項條件都不錯的男友，男友覺得小琴也不錯，兩人便開始交往。小琴本打算交往兩年後再考慮結婚，但男友的媽媽覺得兩人都已經超過了適婚的年齡，於是在男友媽媽的催促下，小琴和男友決定提早結婚。

　　兩人登記之後，就開始籌辦婚禮。就在婚禮即將舉辦前的一個星期，小琴得知男友前女友的父母也想來參加婚禮，原來男友的前女友在幾年前出車禍去世了。出事的那天，男友和他的前女友一起去參加好友聚餐，吃完飯後，前女友堅持要送男友回家，於是他們一行人浩浩蕩蕩地走在路上，卻不幸發生了車禍。當時，前女友正好走在人群中央，受了非常嚴重的傷，後因搶救無效去世了。為此，男友十分自責，他覺得如果自己能堅持拒絕前女友，不讓她送自己回家，那前女友就不會死。自從前女友去世後，男友經常去替前女友掃墓，並看望前女友的父母，而且一直沒有談戀愛，直到遇到了小琴。

男友告訴小琴，前女友的父母想要在婚禮上和新人的父母一起接受新人敬茶，以彌補失去女兒、沒有機會經歷這個過程的遺憾。男友對小琴說，他希望小琴能答應兩位老人的這個要求，滿足他們的願望，他一直覺得自己愧對兩位老人。

小琴對男友說，她不能接受這兩位老人的安排，她覺得沒有哪個女人會同意在自己的結婚典禮上，當著所有親朋好友的面，讓老公前女友的父母和自己的父母、公公婆婆坐在一起，接受新人的敬茶。她覺得這是個無理的要求，畢竟她沒有必要為男友前女友去世而留下的遺憾買單。

為了打消男友的這個念頭，小琴使用了許多辦法，撒過嬌、哭鬧過，但男友依舊不為所動。最終小琴只能做出一些讓步，她答應讓兩位老人以男方親屬的身分來參加婚禮。小琴還表示，婚後自己會和男友一起照顧兩位老人，偶爾去看望兩位老人，或者給兩位老人一筆錢。

小琴本以為自己已經做出了很大的讓步，男友一定會答應，可能還會很感動。讓小琴意外的是，男友不僅沒有感動，還覺得她不答應自己的要求，就是不善解人意，不理解他的愧疚，不給他補償兩位老人的機會，最後他甚至說小琴是個無情的人。面對男友的指責，小琴覺得很委屈，同時也開始考慮男友是否是個適合結婚的人選。

　　起初男方的媽媽也無法理解自己的兒子，她覺得兒子前女友父母提出的要求很不合理，但前女友父母發動親友和男友的朋友，特別是親歷車禍現場的那些朋友，一起來說服男友的媽媽，最後男友媽媽被說動了。男友媽媽希望小琴能答應兩位老人的要求。但面對小琴的堅持，男友和他的媽媽開始苛責她，覺得小琴是個不通情達理的女人。最後小琴也沒有妥協，她堅守了自己的底線，提出取消婚禮的要求，並和男友辦理了離婚手續。

　　男友一直無法理解小琴為什麼不答應，他覺得前女友的父母很可憐，小琴答應他們的要求也沒什麼，但他只是站在自己的立場去思考，完全沒有考慮過小琴的感受。就如同小琴所說的，沒有哪個女人願意一直活在男友前女友的陰影下，畢竟婚禮是個十分重要的場合，可能一輩子就只有一次，她無法忍受前女友的父母來參與，更別提是擺在和自己父母一樣重要的地位上。

　　小琴的男友因前女友意外去世，一直活在自責的陰影中，因為這份自責，他經常去替前女友掃墓，去看望前女友的父母，甚至輕易答應在婚禮上向前女友的父母敬茶，他的種種做法只是為了減輕自己的罪惡感，但他不應該將小琴也拉進來。走出戀人意外去世的陰影是男友自己的事，他不應該讓小琴與自己一起承擔這份責任，小琴也沒有義務分擔男友的這份罪惡感。

　　情緒勒索者們都有一個通病，即認為自己是世界的中心。他們都是以自我為中心的人，理所當然地認為所有人都應該為他們的需求做出讓步和犧牲。在上述案例中，前女友的父母其實就是情緒勒索者，他們不僅充分利用了男友的愧疚感，還發動親朋好友來說服小琴和男友的媽媽，他們認為所有人都要為他們的喪女之痛買單，哪怕是小琴這個毫無關係的人，否則她就是個無情的人，在他們的逼迫下，小琴最後成了男友和男友親朋好友眼中不通情達理的女人。

　　不論是前女友父母還是男友，他們都只站在自己的角度去思考問題，以自我為中心，毫不考慮小琴的感受。前女友的父母覺得他們的女兒意外去世了，他們再也無法參加女兒的婚禮，喝不到女兒敬的茶，這是一個永遠的遺憾，所以男方和他的未婚妻有義務滿足他們這個願望；而男方則覺得滿足兩位老人的願望可以減輕自己的罪惡感。他們都毫不顧及小琴的感受。

　　每個人都生活在兩個世界中，一個是客觀存在的世界，另一個是想像中的世界。想像的世界對我們每個人的影響都很大，我們甚至會覺得想像的世界比客觀存在的世界更能觸動自己的情緒。而情緒勒索者往往把想像的世界當成客觀存在的世界，認為自己是世界的中心，所有人都必須遵守他所制定的規則，一旦他人違背了這個規則，他就會想盡一切辦法懲罰對方，直到對方屈服於他的規則之下，完全圍著他轉。

　　小強和貝貝是一對情侶，他們彼此吸引、相愛，在一起十分開心。他想要搬過來和貝貝一起居住，於是就對貝貝說：「我天天在你家待著，還經常在這裡過夜，不如我乾脆把自己的房子退了，搬過來和你一起住吧！你租的這間公寓這麼大，我的許多東西也在這裡，所以搬起來也不費什麼事，這樣我們就能天天在一起了。」

　　對於小強提出搬來一起住的建議，貝貝並不同意，她不想和小強同居，這種同居生活讓她覺得很不舒服，她覺得自己還沒有做好將戀情發展到同居這一步的準備，儘管她很在乎小強，並希望常常和小強待在一起。不過貝貝並未直接拒絕小強，而是找了很多藉口來回絕小強，例如談到此事時就轉移話題，或者藉口說最近工作太忙，不邀請小強來家裡過夜，後來甚至對小強說她想要將公寓裝修一下，讓小強先把自己的東西搬回去。

　　貝貝的屢次拒絕讓小強意識到女友沒有給出自己想要的答案，而是故意避而不談。他沒有主動了解貝貝的想法，也沒有和貝貝敞開心扉談論此事，而是直接認定貝貝不在乎自己，沒有完全投入到感情中。為了達到搬進貝貝公寓的目的，小強開始透過各種方式向貝貝表示，因為她的拒絕，自己感到很痛苦，還說貝貝傷害了他的感情。

　　貝貝沒有因為小強的這些脅迫就改變自己的決定，她依

舊不肯答應小強搬進來住的要求。在一次約會中小強表示，他們已經在一起很長時間了，經歷了許多事情，感情還這麼好，兩人同居只會增進感情。最後小強說：「我們感情這麼好，你卻不願意與我同住在一間公寓裡，既然如此，我們就沒有必要耽擱彼此了，不如分開，各自另找好的歸宿。」貝貝很愛小強，當然不想因同居的分歧和小強分手，她向小強表達了自己的想法和擔憂。小強根本不理解，在他的堅持下，貝貝只能無奈答應小強，讓他搬進了自己的公寓裡。在之後的一段時間內，兩人生活得很安寧。

不久之後，這種安寧的生活就被打破了，小強開始因為種種原因對貝貝提出各式各樣的要求，貝貝也曾試圖反對過，但都遭到了對方的威脅。後來她發現想要快速地解決兩人的分歧，自己就只能做出讓步，犧牲掉自己的意願和快樂，否則小強就會利用各種手段迫使自己做出妥協。於是貝貝和小強進入了情緒勒索的互動模式中，小強成了情緒勒索者，貝貝成了受害者。

在正常的親密關係中，雙方在面對矛盾和爭執時，都會尊重彼此的想法和感受。而對於情緒勒索者來說，他是世界的中心，他的想法是真理般的存在，別人只能服從和接受，容不得質疑和反抗，對方應該遵循他的規則來處理任何問題。也就是說，在勒索者看來，對方的想法永遠是錯誤的，不值得被尊重。

　　小強顯然是個情緒勒索者，他直接向貝貝表達了自己想要同居的想法，他這麼做並非要徵得貝貝的同意，而是通知她，因為他已經打定主意要搬進貝貝的公寓裡了，根本沒打算和貝貝討論這件事，他也根本沒有打算改變主意，貝貝要做的只能是同意，否則小強不會罷休。後來貝貝陷入了情緒勒索之中，她只能犧牲和讓步，因為小強根本不在意她的感受，他是個以自我為中心的人。

　　有的情緒勒索者不像小強這樣直接表達自己的要求，他會委婉地提出自己的要求。例如同居這件事情，他會說自己經常跑來跑去不方便，或者說一些希望彼此之間更親近之類的話，讓對方主動提出同居，以滿足自己的要求。不論是直接提要求，還是委婉表達自己的要求，情緒勒索者以自我為中心這一特徵和心理是不會改變的，他們不會尊重他人的感受，總是視他人意願為空氣。

　　對於情緒勒索者來說，世界就應該在他的操控範圍之內，他就是世界的中心。在一段關係中，勒索者在乎的並非受害者這個人，而是在意他能否掌控全局，這恰恰也是他無法做到尊重受害者的原因所在。

「以錯誤的邏輯」進行綁架

　　琳琳已經 30 歲了還沒有結婚的對象。自從琳琳 25 歲以後，她的父母就開始著急，催促她相親、結婚。每逢晚飯時分父母就開始教育她，她的媽媽會嘮叨：「你看看你！已經 30 歲了，工作不怎麼樣，也不好好打扮自己！整天除了工作就是在家裡待著，沒有對象也不著急，你知不知道自己已經過了最佳生育年齡了？就算結婚了，也是高齡產婦，你知不知道啊！」

　　面對媽媽的嘮叨，琳琳只能忍氣吞聲，她不能表達一絲不滿，像拍桌子離開這樣的行為更是敢想不敢做，否則她將會遭受到更猛烈的攻擊，就連爸爸也會加入到媽媽的陣營中，一起斥責她、數落她。每次只要琳琳流露出一點點不情願，她媽媽就會立刻提高聲調：「反了你了！媽媽這麼說你還不是為了你好！」

　　為了逃避媽媽的嘮叨，琳琳會盡量避免回家吃晚飯，就算如此她還是無法擺脫媽媽的嘮叨，每當媽媽得知她不回家吃晚飯時就會在電話裡嘮叨：「你又和那些沒結婚的朋友一

起出去了，她們是沒人要的老女人，你也想變得沒有人要嗎？」如果琳琳告訴媽媽，和她一起出去的並非都是單身，媽媽就會換一套說辭：「她們都是有男朋友、老公的人，就你自己是單身，你就不著急嗎？你不覺得和她們出去丟臉啊，就你一個沒人要！」

最讓琳琳難以忍受的是被爸爸媽媽逼著去相親，他們經常幫琳琳安排相親，恨不得讓琳琳立刻結婚。只要父母提出要琳琳去相親，琳琳就必須去，否則就是一頓數落。每當相親回家後，媽媽都會追問琳琳相親的結果，如果琳琳不滿意對方，媽媽就會數落她眼光太高；如果是對方不滿意，媽媽同樣會數落她，說琳琳不好好打扮自己，那麼邋遢才會被相親對象拒絕。

情緒勒索者特別擅長以錯誤的邏輯對受害者進行綁架，他會口口聲聲強調自己是為了受害者好，只要受害者不答應他的要求，他就會施加各種方式的懲罰。例如琳琳父母希望女兒盡快結婚，每當琳琳反抗時，他們就會責罵她。像琳琳所遭遇的這種情緒勒索十分常見，只是她和大多數受害者一樣並未意識到自己正在被父母進行情緒勒索，因為父母總是說他們這是為了子女好，還經常將「天下無不是的父母」這句話掛在嘴邊。所以他們可以正大光明地逼迫子女結婚，甚至逼迫子女和某人分手，好和他們中意的對象結婚。一旦子女表現出了反抗，他們就會開始嘮叨、責罵，甚至威脅要將子

女趕出家門，或者和子女斷絕關係。

情緒勒索的現象在親密關係中十分常見，甚至可以說關係越是親密越容易出現情緒勒索，也就是說我們更容易被親近的人情緒勒索、傷害。在親子關係中，父母為了更好地控制孩子，對孩子進行情緒勒索時，十分擅長運用獎勵和懲罰的方式，例如父母會對孩子說「你不聽話，我就不要你了」，或者「你聽話，我就買好吃的給你」這種話。在父母看來，他們根本不是在對孩子進行情緒勒索，而是在教育孩子，這恰恰是情緒勒索的可怕之處。

許多人都會在無意中對自己的親人進行情緒勒索，因為親密關係的存在，他們知道對方會做出讓步，就像一個小孩會對父母進行簡單的情緒勒索，比如為了讓父母買一件昂貴的玩具給自己而在地上打滾哭鬧，有些父母為了息事寧人，總會乖乖答應他。我們對親近之人的了解遠勝於陌生人，我們知道他們的軟肋，於是我們很容易拿捏著對方的軟肋讓其答應自己的要求，而最終成為情緒勒索者。總之，情緒勒索在親密關係中十分常見，而且勒索者只能對自己了解的人進行情緒勒索。

對於勒索者來說，他會將情緒勒索美化成「我是為你好」，並以愛的名義來剝奪子女、戀人、伴侶的自由，只要受害者稍有不從，他就會採取懲罰的手段。勒索者的懲罰常常

會對受害者帶來很深的傷害，不過勒索者不會因此感到愧疚和後悔，因為他覺得這是為了受害者好。當受害者因為懲罰而做出妥協和讓步時，勒索者就會覺得很自豪，他會認為受害者在他的幫助下改善了自己。實際上，勒索者只是滿足了自己的控制慾而已。

在上述案例中，琳琳的父母以他們的生活經驗來控制女兒的婚姻。在琳琳的父母看來，女人就應該以婚姻家庭為重，只有嫁人了才能實現自我價值。於是他們常常數落、斥責琳琳，還逼迫琳琳去相親。琳琳的父母從來沒有意識到，他們的行為已經對女兒帶來了傷害，女兒不敢回家，卻不得不回，也不得不默默承受父母的數落與斥責。琳琳媽媽在嘮叨的過程中，會無意識地貶低女兒，例如當知道女兒和已經結婚的閨密出去吃飯時，她會說：「你不覺得丟臉啊，就你一個沒人要。」

情緒勒索者從來不會覺得自己對受害者的侮辱、貶低是錯誤的，因為他會將自己的錯誤言行合理化為「為你好」。琳琳媽媽覺得自己都是為了女兒好，所以才數落她、責罵她，如同她自己所說的，就是因為琳琳是她的女兒，她才費心去管，如果是其他人她根本不屑去搭理。琳琳也覺得媽媽是對的，她的確已經過了適婚年齡，而且還面臨著成為高齡產婦的風險。

　　許多情緒勒索的受害者和琳琳一樣，很容易被勒索者的錯誤邏輯所綁架，也就是被「為你好」所迷惑。琳琳父母自然是愛女兒的，但這並不意味著他們有權力逼迫女兒去結婚，也不能在女兒不順從時隨意對女兒進行責罵、貶低。在大多數親子關係中，父母都無法做到以平視的眼光看待孩子，即將孩子視為一個有著獨立人格的個體，認為孩子與他們有著平等的地位。

　　在琳琳父母看來，女兒根本不具備鑑別、判斷等獨立思考的能力，所以他們一定要插手琳琳的終身大事，強迫琳琳相親結婚。如果琳琳父母以平視的眼光看待女兒，就算再急於女兒的婚事，也會平心靜氣地和女兒溝通，畢竟琳琳已經30歲，是個成年人了，有為自己婚姻做主的權利。她可以選擇晚婚，甚至不婚。對於成年子女來說，父母只能向子女表達自己的建議，不能用貶低、威脅的方式來操控子女，否則就算是為了子女好，也是在對子女進行情緒勒索，會對子女帶來困擾和傷害。

　　小夏自從大學畢業後就留在了城市工作，為此他的媽媽一直很不滿。漸漸地，小夏的媽媽開始逼他結婚，因為她同事的子女都已結婚生子了。每當小夏打電話給媽媽的時候，說不了兩句，媽媽就會催促他趕緊相親結婚，當小夏說自己不著急時，媽媽就會委屈地說：「你只想著自己，對象也不找，家也不回，現在我為你的事愁得整夜整夜地失眠！」後

來小夏媽媽開始責罵他，說小夏是個自私自利的人，完全不考慮父母的感受，小夏只能答應媽媽安排的相親。

　　情緒勒索者對受害者所進行的懲罰，通常能獲得一定的效果，例如上述案例中小夏就做出了妥協，並答應了母親要他相親的要求。表面上看，勒索者占據了主動，他們就用威脅、責罵的方式迫使受害者做出讓步，或者用愛的名義綁架對方。但只要受害者意識到自己正在被情緒勒索，並試圖擺脫勒索者強加到自己身上的錯誤邏輯時，勒索者的主動權就會喪失。

　　例如常見的父母逼迫子女相親、結婚的事例，一旦子女開始強而有力地向父母表示自己是個成年人，完全有能力為自己負責，不讓父母插手自己的事情，那麼父母就無法再以愛的名義來脅迫子女相親、結婚。因為子女已經擺脫了父母用錯誤邏輯對自己進行的綁架，意識到「為你好」的潛臺詞不過是「如果你不聽話，我就要懲罰你」。

極度渴望被愛

動畫短片《包子》(*Bao*)雖然時長不足 8 分鐘，卻獲得了第 91 屆奧斯卡金像獎最佳動畫短片獎。裡面的主角是一位生活在加拿大的華裔母親，她是個典型的空巢媽媽，丈夫每天忙於工作，兒子長大，即將離開家。

短片一開始是一個十分普通的早晨，母親正在包包子，她十分靈巧地揉麵、擀皮、包包子，並很快將包好的包子放進蒸籠裡。這時，母親推開了廚房的窗戶，等待包子蒸熟。

當母親將蒸熟的包子端上餐桌時，她的丈夫已經起床了，兩人沒有任何交流，她的丈夫先是看了一會電視新聞，見吃飯時間到了，就開始狼吞虎嚥地吃包子，之後就匆匆忙忙上班去了。

失落的母親拿起最後一個包子準備吃下去，突然她發現包子變成了一個有手有腳的小寶寶，母親十分高興，就開始將包寶寶當成自己的孩子撫養。包寶寶的到來使得孤獨的母親特別高興，包寶寶也很依賴她。

包寶寶小的時候，母親陪他玩耍，餵他吃飯，幫他洗

澡，替他量身高，帶他去菜市場買菜，替他買他最愛吃的麵包，然後母子二人坐在公車上一起吃麵包。母親去公園打太極時也會帶著包寶寶，她一邊打太極，一邊密切關注著包寶寶，當包寶寶被一隻小狗叼走時，母親立刻追趕上去，將包寶寶搶了回來。

在母親無微不至的照顧下，包寶寶一天天地長大，他開始變得不聽話，也不再像以前那樣總是黏著母親，他想要和其他小朋友一起玩。包寶寶總是被足球所吸引，他想要和其他的孩子一起去踢足球。但母親不讓包寶寶去，她不想他離開自己，也擔心他會受到傷害，在母親心中，包寶寶還太小、太脆弱，需要她的保護。

被母親阻止後，包寶寶開始賭氣，他不再理會母親。於是母親拿出包寶寶最愛吃的麵包，想要討好他，但包寶寶並不買帳，他依舊不搭理母親，母親只能自己默默吃完麵包。從那以後，包寶寶變得叛逆起來，他將自己的房門關上，不讓母親進自己的房間，他喜歡在自己的臥室裡吃零食、打電話。對於包寶寶來說，他的臥室是完全屬於他自己的天地 —— 牆壁上貼著各種海報，零食、物品隨便丟在床上和地上。

當母親試圖接近包寶寶，沒有敲門就打開房門時，包寶寶很生氣，他覺得自己的私人空間被人侵犯了，於是他粗暴

地將母親趕出了房間。母親為了讓包寶寶像以前那樣黏著自
己，就準備了一桌子豐盛的菜餚，想用食物的香味將包寶寶
引誘出來。但包寶寶一口都沒吃，他沒有上鉤，而是出去和
朋友玩了。母親感到失落又無奈，就賭氣似的吃完了所有的
飯菜。

晚上，包寶寶回家了，他帶回了一個金髮碧眼的漂亮女
孩，這是他新交的女朋友。母親最害怕、擔心的一幕出現
了，女孩向她亮出了自己無名指上閃閃發光的戒指，似乎在
宣示包寶寶已經屬於她了。母親震驚、慌亂，她無法接受包
寶寶已經長大，即將有屬於他自己的生活和家庭的事實。但
此時包寶寶已經收拾好自己的行李，他要和母親告別，和女
友一起出去獨自生活。

完全無法接受這個事實的母親，情急之下關上了門，不
讓包寶寶離開，她不能眼睜睜地看著包寶寶離開自己。接下
來，包寶寶不可避免地和母親發生了爭執，他想要離開家，
可是母親不肯，母親一邊抓著包寶寶，一邊哭，最終母親惱
羞成怒，將包寶寶一口吞下。當母親發現自己把包寶寶吃
了以後，十分後悔和難過，痛不欲生的她獨自躺在床上默默
流淚。

沒多久，門突然打開了，母親恍惚間看到了包寶寶的身
影，仔細一打量，原來是自己的兒子回來了，剛才所發生的

一切不過是一場噩夢。這個夢境真實反映了母親辛辛苦苦將兒子撫養長大，然後長大的兒子要離開母親的情景。她是個典型的家庭婦女，丈夫忙著工作，她生活裡唯一的精神寄託就是兒子，可是她對兒子的愛和保護對兒子來說太過沉重了，漸漸長大的兒子無法接受母親的強勢干涉，於是母子二人之間的矛盾和摩擦也越來越多。

母親不想理會兒子，她背對著他。這時兒子走過來坐在母親床前，拿出了剛買回來的麵包，這是他最愛吃的口味，小時候經常和母親一起吃。母親漸漸坐起來面對兒子，和兒子一起分享麵包，就像兒子小時候那樣。母子二人一邊吃麵包，一邊流淚，兩人之間的隔閡也因此化解。最後母親也接受了兒子的洋媳婦，他們一家四口其樂融融地圍在桌子前包包子。

情緒勒索者通常缺乏愛，所以他才會用強制性的手段索取另一個人的關懷和愛，讓對方付出全部的情感、時間和關愛來滿足自己對愛的渴求。一旦受害者不順從，勒索者就會直接或間接地威脅受害者，並充分利用受害者的責任心、愧疚感以及對分離的恐懼，使其完全順從於他。

在情緒勒索中，最難以覺察的一種勒索是迂迴式的。勒索者會扮演可憐、無助的角色，使受害者產生一種錯覺，即認為自己不順從勒索者的要求，就是在傷害勒索者，從而陷

入自責之中。其實勒索者並不完全是加害者，他也曾是受害者，因為情感上沒有獲得滿足，所以內心極度渴望被愛，但他對愛的需求又好像一個無底洞，得到多少愛都覺得不夠，才會去追求情緒勒索式的愛。

在動畫短片《包子》中，母親完全沒有自己的生活，丈夫對她很冷淡，在一起吃早餐時兩人也不交流。她沒有自我，每天為兒子而活，她將所有的愛和心血都傾注到兒子身上，所以她無法接受兒子的長大和離開。當兒子想要離開她時，她感覺自己的人生完全被掏空了，她開始用美食引誘兒子，用威脅的方式來留住兒子，可這種過度的束縛只會讓兒子越逃越遠，母子之間的關係也只會越來越糟糕。

《包子》中的母親每天都生活在空虛、孤獨和焦慮中，她渴望家人的愛和關注，於是她變成了一個情緒勒索者，無節制地向兒子索取愛。與許多情緒勒索者一樣，她這樣的勒索只會將兒子推得越來越遠。

每當情緒勒索者的要求無法得到滿足時，也就是他覺得自己不被關注的時候，他會使用懲罰的手段逼迫受害者妥協，利用各種方式向受害者表示他受到了傷害，受害者必須加倍彌補他。例如當一個妻子向丈夫索取關心卻無法得到滿足時，她會用消極比較的方式來攻擊丈夫：「人家的丈夫誰像你這樣，你真是一個自私的男人，根本沒有盡到做丈夫的

責任。」在妻子的貶低下，丈夫的自我價值感會慢慢被粉碎，於是丈夫想要逃離家庭，將家當成一個旅館，或者根本不管家裡的事，對妻子的態度越來越冷漠。

許多情緒勒索發生在親子關係中，勒索者常常是母親，受害者則是孩子，因為母親與孩子之間有著十分牢靠的血緣關係，孩子對母親有一種天然的依賴感，從而可以滿足母親的保護欲和控制慾。但孩子總有一天會長大，要接觸外面的世界，就像包寶寶一樣有屬於自己的小祕密、小世界，他們想要擺脫母親，走自己的路，但這恰恰是母親恐懼和不允許的。

如果一個母親是情緒勒索者，那麼她會在孩子成長的過程中對他的精神進行強行壓制，讓孩子變成一個乖乖聽話的人，從而成為自己的附屬品，給予她無條件的關注和愛。例如，一個女孩從小在單親家庭中長大，與母親相依為命，後來女兒交了男朋友，母親也要時時和女兒在一起，就連女兒約會也要跟著去。這位母親從來沒有覺得自己的行為有什麼不對，她覺得女兒就應該和自己形影不離，就應該無條件地滿足她的任何要求，因為這樣才能證明女兒愛她。

如果親子關係中存在情緒勒索，那麼勒索者通常能完全掌控受害者，因為勒索者比受害者有更多的生活經驗，勒索者在養育受害者的過程中會將受害者訓練成一個對自己絕對

服從的人，這樣勒索者就能完全控制受害者。勒索者會覺得自己對受害者擁有絕對的權力，從而產生「整個世界圍著我轉」的錯覺，他覺得自己只需要無條件地接受受害者的關注和愛即可。例如很多母親在兒子結婚之後，仇視兒媳婦，覺得兒媳婦搶走了自己的兒子，因此故意找碴，將本該平靜的日子鬧得雞飛狗跳，因為她覺得兒媳婦搶走了兒子對她全部的關注和愛。

母親在對孩子進行情緒勒索時，會完全控制孩子的生活，不讓孩子接觸任何人，進而完全掌控孩子的情感世界。例如包寶寶想要和其他孩子踢足球時，母親會制止，她覺得自己是在保護包寶寶免受傷害，實際上是在操控和獨占包寶寶的情感世界。在包寶寶將女友帶回家時，母親的震驚和慌亂更加反映出了她對包寶寶的控制慾。最後母親拽住包寶寶，將他一口吃下。這個畫面儘管驚悚，卻真實反映了一個情緒勒索者的心態，一種恨不得將孩子永遠困住的衝動，從而填補自己的空虛感。

第五章　為何說「不」如此困難
── 受害者的自我價值感

過度負責的人，無法對自己負責

　　某一部電視劇圍繞著五個性格迥異的女孩的工作、愛情和家庭而展開。其中一個角色名叫樊勝美，她長得漂亮，十分照顧和她一起合租的關雎爾和邱瑩瑩。在這兩個剛畢業的小女生眼中，樊勝美就是一個熱心腸的姐姐，她們覺得樊勝美是個頗有社會經驗、堅強、獨立的女人，但其實樊勝美是一個被家人拖累的人。

　　樊勝美成長於一個重男輕女的家庭中，她父母將所有的生活重心都放在兒子身上，心安理得地認為樊勝美就應該為這個家付出，幫助哥哥。但樊勝美的哥哥和嫂子不僅不務正業，還總是惹禍，每當這時，父母就會打電話找樊勝美解決問題。

　　樊勝美的哥哥打傷人闖禍逃走了，討債人就找上了樊父樊母，威脅他們賠錢，樊母習慣性地向女兒打電話要錢，絲毫不考慮女兒一個人在城市如何生活，是否有錢。樊勝美告訴母親，她的境況並不好，除了每月寄生活費給家裡外，幾乎沒有存款，而且她已經淪落到吃泡麵的地步了，無錢可

寄。最後樊勝美告訴母親，這是哥哥闖下的禍，應該讓討債人去哥哥家裡鬧。

後來樊勝美的嫂子也打電話給她：「阿美，這個家只能指望你了，你看，這個家就數你最有出息。對了，雷雷還說呢，等他長大後還指望姑姑幫他找份工作呢。」樊勝美只能無奈地掛了嫂子的電話。

晚上，樊勝美再次接到了家裡的電話，母親開始向她賣慘，說討債的要打人了。討債人一臉難以置信地看著老太太，他們根本沒有動手。十分擔心父母安危的樊勝美只能答應她會想辦法向家裡寄錢還債，樊母的目的達到了，就開始勸女兒找個好人嫁了。樊勝美向母親抱怨，她已經三十多歲了，還得每月向家裡寄生活費，沒有存款，還有個總是惹禍的「好哥哥」，根本沒有男人願意娶她。

在樊家，樊勝美承擔著所有的家庭責任，她要每月按時寄生活費給家裡，還要負責幫哥哥付房子頭期款、還房貸，就連哥哥的工作都是她託人幫忙找的。只要哥哥闖了禍，父母第一時間想到的就是女兒，就像樊勝美所說的：「這些年你們拿我當衛生紙，天天幫我哥擦屁股，他闖禍借錢全都是我替他解決的。」

為了逼迫女兒為兒子還債，樊父樊母帶著年僅 5 歲的孫子雷雷來到城市。樊勝美得知父母坐火車來到城市後十分著

急，她很擔心父母，畢竟他們沒有錢、沒有手機，又人生地
不熟。最後樊勝美將父母和姪子暫時安排在自己租的房子
中。當父親中風後，樊勝美聽從好姐妹的勸告，賣掉了哥哥
的房子為父親治病，並對母親定下規矩，她每個月只給母親
固定的生活費，禁止母親接濟哥哥。

　　樊勝美將父母、姪子送回老家後，就回到了城市工作。
不久之後，樊勝美就接到了鄰居李阿姨的電話，說：「你父
母他們今天沒飯吃了，上我家來借米了，說是沒錢買米。」李
阿姨還誤會她說：「你是不是沒有按時寄生活費給他們啊？」
實際上，樊母將生活費都偷偷貼補給兒子了，甚至還以幫樊
父買藥的藉口向女兒要錢來補貼兒子。

　　樊勝美想讓李阿姨幫自己家裡送點錢，還囑咐李阿姨不
能說錢是她送的。李阿姨雖然是個熱心腸的人，卻不願意幫
這個忙，作為老鄰居，她太了解樊家的情況了，她不敢幫，
擔心樊家會賴上自己。

　　樊勝美不想破壞自己定下的規矩，又很擔心父母的生
活，想不出解決辦法的她只能向男友王柏川求救，看看他是
否有什麼辦法。王柏川說他可以讓朋友去向她父母送吃的，
不送錢，否則樊母只會將錢都給她哥哥。王柏川的這個辦法
雖然解了燃眉之急，卻不是長久之計。

　　樊勝美會成為情緒勒索的受害者，她的父母和哥哥自然

要承擔很大的責任，但責任並不全在他們身上，樊勝美也有責任。她的家庭責任感太強烈了，強烈到想要憑藉一己之力為家人解決所有的難題，覺得自己要為家裡所發生的任何事情負責。也就是說，樊父樊母和不務正業的哥哥、嫂子都是樊勝美慣出來的。

責任感是每個人都應該具備的特質，但如果你是一個責任感太強烈的人，那麼你就很容易成為情緒勒索的受害者。一個過度負責的人，反而無法對自己負責。樊勝美就是一個對家庭過度負責的人，所以她才會將家裡的一攤爛事都扛在自己肩上，儘管她根本沒有這個能力。

表面上看，樊勝美一直在為家人付出、犧牲，她是家裡的棟樑，實際上她的種種行為也是不負責任的表現，她的過度負責養出了一家子的吸血蟲，她幫助哥哥去完成他本應該自己負責的那些事，例如買房子、找工作、養孩子，這本應該是她哥哥的責任，她卻都攬在了自己的身上。樊勝美這麼做其實就是在向父母證明自己，她在暗示父母：「你們不是重男輕女嗎？現在我成了一個可以獨當一面的人，你們的兒子卻成了一個只能依靠我的廢物。」總之，過度的負責，就等於不負責，樊勝美的行為實際上剝奪了哥哥為自己人生負責的能力。

在一段關係中，過度的負責會造成一種不平衡，你越是

負責，周圍人就越不負責。樊勝美包攬了家裡所有的大事小事，例如託人幫哥哥找工作，替家裡添置家電。與負責的樊勝美相比，她的家人就是極端地不負責，出了事就找樊勝美解決，絲毫不考慮樊勝美的難處，也沒有了為自己負責的能力。樊勝美會有過度負責的心理與她所成長的家庭環境密不可分，她的父母重男輕女，她從小一直被忽略、不被認可，所以她十分渴望得到父母的肯定和認可。於是樊勝美開始不斷努力地去做更多的事情給父母看，在父母的一次次肯定中，樊勝美漸漸將所有的責任都承擔下來。

過度的責任心會使一個人無法做到為自己負責，他總是相信自己有能力解決所有的問題，並將所有的責任都承擔起來，他們首先考慮到的是別人的感受，而不是自己。每個人活在世上都有自己所在乎的人，例如父母、伴侶、子女，我們需要為這些人負責，但前提是我們得首先為自己負責，我們得意識到自己才是世界上最重要的人，要重視自己的感受。

樊勝美自從工作以來，所賺的錢都貼補給家裡了，她沒有存款，一直自負的美貌也隨著年齡的增長慢慢變得不再值錢。樊勝美一直渴望能嫁給一個有錢人，畢竟只有有錢人才能養得起她那一大家子人。但樊勝美做這些都是心甘情願的嗎？顯然不是，她會焦慮、委屈、氣憤，可又無可奈何，因為她過度的家庭責任感使她無法擺脫父母的情緒勒索，她做不到不在乎父母的感受。

　　過度在乎別人的感受會使一個人忽略自己的情緒、失去自我。一個人如果覺得自己需要對他人的情緒負責，那麼他就會過得很辛苦，因為一旦對方表現出了生氣、失望、難過等負面情緒，他就會陷入不安、擔憂之中，覺得是自己造成了對方的負面情緒，自己有責任消除對方的負面情緒。例如一個人對朋友的難過很敏感，只要對方情緒不好，他就會覺得自己應該多陪陪對方，就會主動和對方聊天，承擔對方所有的負面情緒；或者對方叫他陪自己出門，他會立刻答應，不然就會擔心自己的拒絕會使對方難過和失望。

　　不論是責任心還是在乎別人的感受，都是我們在人際互動中應該具備的社交能力，因為這兩個特質會使我們成為一個善解人意的人，有助於我們和他人建立一段良好的關係。畢竟每個人都願意和一個有責任心、在乎對方感受的人待在一起，一個毫無責任心、只在意自己的人，相處起來會讓人覺得很痛苦。

　　可是如果一個人的責任感太強烈，過度在意別人的感受，他就很容易忽略自己的感受和情緒，陷入被情緒勒索的痛苦中，因為他會將不屬於自己的責任都攬在自己身上，會因為太在意別人的感受而失去了自我，無法對自己負責。當勒索者向他提出要求時，他就算不情願，也會勉強自己答應下來，因為他已經將過度負責、過度在意他人感受作為自己的行為準則了。

忍不住想要討好別人

　　在日本電影《令人討厭的松子的一生》中，女主角松子有著典型的討好型人格。她努力去討好身邊的每個人，渴望被愛，每當松子愛上一個男人後，她就會投入全部的感情，無條件地討好對方，但一次次無底線的妥協，卻沒有換來任何一個男人的愛。

　　凡是和她在一起的男人除了理髮師外，都會對她家暴，即使對方將松子打得鼻青臉腫，松子也不願意離開對方，仍會繼續討好對方，她無法忍受對方離自己而去。最終松子在53歲那年孤獨地死去。討好型人格的典型特徵就是忍不住想要討好別人，會一次次地無底線妥協，這是因為他對愛有著強烈的需求，而這通常與他所成長的原生家庭密切相關。

　　在松子的原生家庭裡，妹妹體弱多病，父親將所有的關注和愛意都傾注在妹妹身上，被忽視的松子一直渴望獲得父親的關注，漸漸養成了委屈自己，迎合討好別人的性格。有一次，父親帶著松子去百貨大廈上面的遊樂場看馬戲表演。當觀眾看到小丑的鬼臉時，都忍不住「哈哈」大笑起來，松

子也在笑，但她很快注意到父親沒有笑，依舊是那副嚴肅的
表情，她扯了扯父親的手，並衝著父親像小丑般扮了一個鬼
臉，父親終於「噗哧」一聲笑了出來。

在松子心中，父親因為擔心體弱多病的妹妹所以很少
笑，總是顯得非常嚴肅，所以當她扮鬼臉把爸爸逗笑時，她
覺得爸爸在關注她，她的心裡十分滿足。於是從那以後松
子養成了扮鬼臉的習慣，每當她覺得手足無措的時候就會扮
鬼臉。

在父親的安排下，松子畢業後當起了老師。松子在維護
一個偷錢學生時，頂下了偷竊的罪名，而被學校開除。松子
也因此離開了家，因為家裡人都無法接受松子「偷竊」的行
為。從那以後，松子開始了一團糟的感情生活。

松子在和一個似乎很有才華卻性情暴躁的作家談戀愛
時，覺得自己很愛對方，於是不論對方提出什麼要求她都會
答應，忍受他的家暴、拿出錢來養活他，後來甚至放下廉恥
去歌舞廳面試。最後，作家站在飛馳的火車面前被撞得血肉
模糊，他自殺了，只在一張紙上留下了一句話給松子：「生
而為人，我很抱歉。」當時松子覺得自己的人生就要完了，但
幾天後她繼續去歌舞廳上班、生活。

不論是潦倒的作家、有貪慾的有婦之夫還是黑社會混
混，似乎松子遇到的男人都是人渣，她傾盡所有去愛每一個

男人，卻總是被傷害，因為她只會用不斷取悅別人的方式來維持自己與男人的關係。她很小就學會了透過取悅父親而得到他的關注和愛，所以就養成了取悅他人的行為模式，並且只懂得取悅對方這種人際互動模式。

其間，松子也曾想過要回家，當她鼓足勇氣回到家鄉後卻得到了父親已經過世的噩耗。松子從父親留下的日記本中得知，自從她離開家後，父親就一直思念她。自責不已的松子覺得是自己殺死了父親，於是逃跑似的離開了家。

後來松子遇到了一個為了錢而和自己在一起的小白臉，她努力賺到的錢都被這個吃軟飯的男人給騙走了，她想不通對方為什麼拿了自己的錢還要離開自己，於是松子殺了他，在捅了男子好幾刀之後從容離去。

松子本打算自殺，卻陰差陽錯沒有成功，之後她開始了新的生活。一個月後，松子因謀殺罪被關進監獄，開始了長達 8 年的監獄生活。支撐松子度過這漫長 8 年監獄生活的是一個男人，那是松子入獄前新認識的男友，她希望出獄後能和他過上平靜安逸的生活。8 年後，松子帶著歡快的心情找到了那個男人。但男人已經結婚，孩子都有好幾歲了，看著幸福的一家三口，松子在門外笑了起來，她輕輕地說了一句：「我回來了。」然後含著眼淚離開。

松子再一次回到家後，從弟弟那裡得知妹妹已經去世的

消息。弟弟告訴她，妹妹臨死前還在念叨著姐姐：「姐姐你回來了啊，你還是不要回來了。」從此松子離開了家鄉，來到了一個陌生的地方，不再和任何人聯絡，每天像豬一樣生活，除了吃就是睡，一動不動，似乎對生活失去了希望。

就在這時，松子曾經維護過的學生龍出現了，她深信龍就是自己的真愛，於是重新燃起了對生活的希望。和以前一樣，松子一直討好著龍，不論龍如何對她，她都對龍不離不棄。後來龍開始混黑社會，被判刑入獄，松子一直在等著龍出獄。

在龍出獄的那一天，松子將自己打扮得漂漂亮亮的去接龍，她覺得自己就要和龍展開一段新的生活了。當龍在冰天雪地裡看到松子的時候，他不僅沒有感動，反而氣沖沖地給了松子一拳，他向松子控訴道，都是松子毀掉了他的一生。第一次毀滅發生在學生時代，當時松子替他背下了偷錢的黑鍋；第二次是他入獄，松子等了他許多年。他承受不了松子無底線的放任和愛，於是選擇了逃走。

龍的逃離徹底毀滅了松子對生活的希望，她再次變得自暴自棄起來，每天像豬一樣生活。最後松子變得邋遢不堪、臃腫得不成人樣，最後在幾個國中生開玩笑似的亂棍中被打死。

討好型人格的人不懂得拒絕，甚至可以說害怕拒絕，即

使心裡再不情願也會妥協和迎合，因為他害怕自己拒絕對方後，就無法再得到對方的愛。所以在一段關係中，尤其是親密關係中，討好型人格的人願意為了對方無條件地犧牲自己，即使對方毫不領情。因為他只會用妥協的方式來與他人進行互動，用討好的方式來維持一段關係，他缺乏安全感，總是擔心拒絕後會伴隨著被拋棄。因此，討好型人格的人很容易慣出一個情緒勒索者來。

討好型人格的人之所以會一味地妥協，是因為他對愛和認可有著十分強烈的需求，卻不知道該如何有尊嚴地獲得對方的愛和認可，所以只能放低自己的姿態，多做讓步和妥協，期望以此獲得對方的愛和認可。討好型人格形成的主要原因是自我價值感低，所以才會輕易地在一段關係中放棄自己的尊嚴。而導致他們自我價值感低的原因，通常與其原生家庭的家庭狀況以及自身的成長經歷密切相關。

一個人如果在成長的過程中形成了討好的行為模式，如同松子一樣，那麼就很容易出現自我價值感低的情況。因為他無法分清自我和他人之間的界線，很容易過度依賴他人，從而與他人形成不健康的共生關係。

如同指責和貶低會對一段關係帶來負面影響一樣，討好也會。討好型人格的人為了使對方滿意，會故意迎合對方，即使自己不喜歡，也會無底線地退讓、付出，因為在討好型

人格者看來，是他自己不夠好，想要得到對方的愛，就必須付出很多，然後才能換取對方的愛。例如，一個妻子渴望得到丈夫的愛，開始全方位地照顧丈夫的生活，幫他擠牙膏、做飯、洗襪子等，雖然無法忍受丈夫的冷漠，卻總是表示能理解丈夫的處境。最後妻子只會將丈夫養成一個巨嬰，使自己變成一個保母。妻子顯然想要討好丈夫，從而得到丈夫的關注和愛，可是她一味地退讓只會讓夫妻關係變得越來越畸形。

秀秀從小是個非常優秀的人，她很努力讀書，成績從來都是班上的前三名，她一路從知名高中讀到了知名大學。畢業後，秀秀開始努力工作，賺到錢都貼補給家裡。在秀秀看來，父母更喜歡姐姐和弟弟，所以她只有努力念書、工作，才能得到父母的關注和喜愛，她其實一直在討好父母。

秀秀不僅會討好父母，還會討好身邊的每一個人。當同事請她幫忙時，秀秀總是不好意思拒絕，即使她自己手頭的工作也很忙。在人際互動中，秀秀從來不會主動提意見，她害怕自己會因此傷害對方，惹對方不高興。

可秀秀覺得自己活得太累了，她總是委屈自己成全別人。父母雖然稱讚她是個好女兒，卻與姐姐和弟弟的關係更加親密；男友雖然總說她善解人意，卻無法真正了解她、體諒她。當別人遇到難題時，對方總會找秀秀幫忙，可是當秀

秀遇到困難時，她只能自我消化，她不敢向別人求助，害怕給對方添麻煩。

討好型人格的人會一味地讓步和討好，是想藉此獲得他人的關注和愛，可是到頭來總是一場空，像將自己的人生搞得一團糟的松子，像上述案例中活得很痛苦的秀秀。會出現這樣的現象，是因為討好型人格的人總會讓人覺得他們沒有自我價值，不值得被尊重。討好型人格的人在照顧他人感受、忽略自己感受的過程中，會向對方釋放出一種「不用在乎我的感受」的訊息，於是最後就會演變成他對別人掏心掏肺，別人卻不懂得珍惜的悲劇後果。

在親密關係中，討好型人格的人還會為對方帶來挫敗感，因為你對他太好了，他不知道該如何回應。而且討好型人格的人的潛意識裡一直希望能夠找到一個一心一意對待自己的人，即希望他對待我像我對待他一樣好。這樣的標準對他人來說太高了，自然會為他人帶來挫敗感和痛苦。例如松子對待學生龍，龍在出獄時不僅沒有感激松子，反而說她毀掉了自己的一生，因為松子對他太好了，他不知道該怎麼回應，也不知道該怎麼和松子相處，所以逃走了。

每個人在幼年時，都渴望能夠獲得父母的關注和愛，這是長期進化賦予我們的賴以生存的本能，沒有父母的關注和愛我們就無法生存。討好型人格的人想要避免松子那樣的悲

劇，就必須了解到自己已經是個成年人了，有獨立自主的人格以及養活自己的能力，沒有必要再像幼時那樣透過貶低自己討好別人，以期望獲得愛和關注。

討好型人格的人想要實現心理獨立，首先要學會劃分自己和他人的界線，即認清自己是否應該為他人的感受、情緒負責，不要獨自承擔所有的責任，更不要因承擔責任而貶低自己、做出犧牲。其次，討好型人格的人必須學會培養自我價值，意識到自己是個獨立的個體，自我價值是由自己來決定的，不要將決定權交到他人手中，即使與對方的關係再親密也不行。最後，討好型人格的人一定要改掉從他人那裡獲得滿足感的習慣，每當你忍不住想要討好對方時，一定要警惕起來，告訴自己：「我不需要透過討好他來獲得滿足感。」

在一段正常的關係中，付出應該是雙向的，你對他人付出的同時，他人也在對你付出，這樣一來兩人的關係才能長久和穩定。但討好型人格的人卻一味地付出、討好別人，這樣不僅得不到對方的尊重，反而會因此降低自己的價值，讓對方看輕你、傷害你，故意不在乎你的付出。一個人如果懂得尊重自己，也會看重自己的需求，適度付出，自然會得到他人的尊重。對方如何看待你、對待你，取決於你如何看待自己、對待自己，不是因為你一味地順從和討好，對方就會對你表示尊重。

不敢拒絕的老好人

　　在電視劇中，關雎爾是個典型的乖乖女。在大家眼中，她是個文靜內斂的人，家教良好、知書達理更是她一貫的標籤。關雎爾來自一個中產家庭，家境良好，從小就在父母的安排下過著規劃好的人生，直到大學畢業後關雎爾才叛逆了一回，不顧父母反對執意留在城市工作，並成了一家世界五百強企業的實習生。

　　關雎爾自知自己能力不足，且並非名校畢業，在工作的時候十分勤奮，常常加班到深夜，她覺得自己一定要比別人付出更多的努力，才能在年底通過考核留在公司。在同事們的眼中，關雎爾一直是個工作努力、踏實、勤奮，又文靜、溫柔的女孩。

　　一天，關雎爾在工作的時候聽到了同事米雪兒的咳嗽聲，她關切地問了一句：「怎麼了？」米雪兒一邊忍著咳嗽一邊說：「我好像感冒了。」關雎爾說道：「我這裡有感冒熱飲，要不你先吃點藥吧。」米雪兒說：「我們現在的工作這麼多、這麼忙，我連喝口水的時間都沒有了。」關雎爾說：「那你先

忙工作，我去幫你準備熱水。」米雪兒說：「謝謝你。我喝了藥睡一會就沒事了，只是我們現在的工作這麼急、這麼忙，猜想今天晚上又得熬夜加班了。」關雎爾說：「那這樣吧，你把你還沒做完的工作發 email 給我，等我忙完手頭的工作就去幫你做。」米雪兒高興地說：「真的嗎？你真是太好了。以後你有什麼困難，我也一定會幫助你的。」

因為同事米雪兒感冒了，熱心腸的關雎爾覺得米雪兒需要好好休息，所以一口答應下來幫她做完她未完成的工作。結果很不幸，因為資料出錯了，關雎爾受到了主管的責怪和批評，還要求關雎爾寫一份檢查。關雎爾十分委屈，因為出錯的是前半部分資料，那是米雪兒做好的，可是當主管問責時，米雪兒直接甩鍋給關雎爾，主管只批評關雎爾是因為最後簽字的是關雎爾，而不是米雪兒。

關雎爾顯然是個好女孩，有一副熱心腸，喜歡幫助別人，當她聽到米雪兒咳嗽時，主動關心對方，還幫對方沖泡藥劑。當米雪兒表示自己需要休息，卻被迫加班時，關雎爾看不得米雪兒這麼難受，所以就主動攬下了米雪兒的工作。

其實關雎爾自己也很累，自從關雎爾入職以來，她經常因無法按時完成工作而加班，她在答應幫忙的時候並沒有仔細考慮過自己手中的工作，也沒有考慮過她要做的事情也很多，也需要休息。不過關雎爾還是幫米雪兒完成了她剩餘的

資料核對，可關雎爾並未檢查米雪兒做的前半部分資料，就簽上了自己的名字，或許是關雎爾太累了，又或者是時間緊迫，她已經來不及檢查和核對。不論原因是怎樣的，最後關雎爾都因為自己的好心卻反受到了主管的批評。

關雎爾是大家眼中的好女孩，她很聽話，會按照吩咐去做事，幾乎不會與人發生爭執。但在面對矛盾和問題時，像關雎爾這樣的好女孩往往會表現得很被動，她會聽任事態的發展，難以主動為自己爭取利益，很容易被人控制。由於不敢表達自己的真實感受，卻總想取悅任何人，這樣的好女孩有時會給人一種虛偽的感覺，因為他人根本不知道她到底想要什麼。

對於像關雎爾這樣的好女孩來說，她內心深處會將自己放在道德的制高點上，覺得自己是個好人，一個樂於助人的人，是個值得別人學習的楷模。但實際上，她只是一個喜歡往自己身上攬責任的人，也總會因此為自己帶來很大的麻煩。例如米雪兒並沒有明確向關雎爾請求幫助，她只是向關雎爾抱怨她明明感冒了卻還要工作、加班，關雎爾卻直接提出要幫米雪兒完成剩餘的工作。其實關雎爾不僅對同事這樣，對待好友邱瑩瑩也是如此。當邱瑩瑩決定搬出去和「白渣男」同居時，好女孩關雎爾再次責任感爆發，她說：「不行，我一定要阻止她搬出去，她在這裡只有我這麼一個朋友，我不幫她誰幫她，我不能眼睜睜地看著她往火坑裡跳。」

實際上關雎爾根本沒有能力去管邱瑩瑩的事情，邱瑩瑩也不想接受她的幫忙，而且關雎爾自己身上還有一大堆事要做。

　　其實在現實生活中，像關雎爾這樣的好人並不在少數，他們不懂得愛惜自己，經常為了幫助別人而將自己的利益放在一邊，但是做好人並不能一直使他們受益，相反還經常使他們遭受其他人的情緒勒索，因為他們不懂得如何拒絕別人。

　　大家眼中的濫好人並不一定擁有善良的道德品格，他只是太過在意別人對自己的看法，而忽略了自己的感受，而且在遇到問題時總將別人想得太好。例如關雎爾覺得自己既然幫助了米雪兒，而且出錯的又是米雪兒自己，那米雪兒就應該主動站出來承擔錯誤和主管的責罵，但讓她沒想到的是米雪兒居然甩鍋給自己，所以關雎爾才會覺得委屈，跑去找安迪哭訴。

　　如果不懂得拒絕，濫好人將很難獲得他人的尊重，他沒有設立明顯的個人疆界，不論別人怎麼對他，他都會接受，所以他容易遭到別人的隨意侵犯。濫好人會照顧所有人的感受，卻不會向他人表達自己的不滿，漸漸地，周圍的人就會對他貼上濫好人的標籤，這個標籤意味著他是個可以隨意被捏來捏去的「軟柿子」。通常濫好人也會認同這個標籤，覺得自己是個好人，就應該為了他人放棄自己的需求，於是周圍

人就會覺得他是個不會受傷、不發脾氣的人，即使隨意侵犯他也無須承擔什麼後果。

　　芳芳從小就是大家眼中的濫好人，有事必應。在上大學期間，當她知道某個同學不懂得如何辦手機時，她會主動帶路；當同學需要剪刀時，她會立刻跑到宿舍取來遞上；芳芳明明頭很痛想要好好休息，但當同學邀請她去逛街時，芳芳還是想都沒想就答應了，忍著頭痛一直陪對方逛到晚上。有一次學校舉辦活動需要每個班級派出一個代表參加，班長立刻想到了芳芳，就要芳芳參加，芳芳一口答應下來。就在芳芳努力為活動做準備時，班長告訴她，班上有另外一個同學主動提出要參加這個活動，名額就讓給他了。芳芳覺得非常委屈，她準備了很久，卻被班長毫不猶豫地給換掉了，但她什麼也沒說。而且在同學們看來，芳芳這個濫好人就應該隨時為別人的需求而犧牲自己。

　　大學畢業後，芳芳找到了一份工作，並和一名同事同住。同事的生活習慣是早起早睡，每天晚上 10 點準時關燈睡覺，早上也起得很早，還有公放音樂的習慣。芳芳的生活習慣與她恰恰相反，她睡得晚，起得晚。於是她主動遷就著同事的生活習慣，每天被音樂吵醒而默默忍受，晚上在黑暗中看電腦。同事為了省錢，夏天很少開冷氣，芳芳很怕熱，但她從來沒和同事說起過此事，即使她險些因此中暑。芳芳還主動承擔起了打掃環境的責任，自從她住進來後，一直是芳

芳一個人打掃。

一年後的一天，同事提出芳芳應該多付水費，因為芳芳洗澡很頻繁，她不應該承擔芳芳的洗澡水費。芳芳覺得很生氣，她想起了這一年以來自己做出的犧牲和妥協，於是她和同事大吵了一架，從公放音樂到不打掃環境，一一全都拿出來爭論。後來芳芳和同事的關係徹底鬧僵，兩人不再說話，最終芳芳因無法忍受這種冷漠的氣氛而搬走了。

像芳芳這樣的濫好人，他們經常將拒絕別人想得很嚴重，唯恐對方會因自己的拒絕而發火甚至離開，也因為擔心自己留不住對方，而時常陷入孤獨、恐懼和焦慮之中。濫好人之所以會成為濫好人，是為了迴避體驗消極情緒，避免衝突的發生。當我們與他人發生衝突時，我們就會因恐懼和憤怒而產生壓力，濫好人雖然避免了衝突所帶來的壓力，卻無法獲得他人的尊重。

濫好人不懂得表達自己的感受和需求，這相當於封閉了自己，使他人無法了解真實的他，只會覺得他是個可有可無的存在，雖然不會討厭他，卻也不會尊重他。濫好人通常難以與他人建立一段關係，因為沒有人會覺得自己了解濫好人，想要被別人了解，這個人就必須學會表達自己，濫好人恰恰不會表達自己。也就是說，人與人之間關係的建立需要相互了解作為基礎，而濫好人根本沒有給別人了解他的機會。

　　芳芳是個濫好人，常常為了滿足他人而忽略自己，漸漸地大家也忽略了芳芳，例如班長會不顧及芳芳的感受，隨意將她參加活動的名額讓給另外一個同學，似乎在大家眼中，芳芳就是一個不會覺得委屈的人。芳芳選擇做一個濫好人，是為了贏得他人的好感，但她的人際關係卻恰恰因此而毀掉，他人沒有將芳芳的付出放在心上，芳芳自己也因此覺得很痛苦和委屈。那麼芳芳為什麼還會忍不住想要做一個濫好人呢？這與她的錯誤邏輯密切相關。

　　濫好人有一種邏輯，認為只要自己做得好，就會得到他人的歡迎；如果自己遭到了他人的討厭，那只能說明自己做得不夠好，應該努力做得更好。濫好人的這種錯誤邏輯形成的背後是缺乏核心的自我價值感，他對自己的評價需要得到別人的肯定，當別人對他的態度發生變化時，濫好人的自我價值感也會隨之變化，所以濫好人會持續滿足別人的需求和要求，忽略自己，從而透過贏得對方的誇讚得到對自我價值感的肯定。

拼命追求他人認可

　　慧慧在一家企業工作，在她工作的 3 年中，經常得到主管的誇讚，是辦公室同事眼中的紅人。最近，慧慧所在的單位進行人事調整，老主管被調到了其他地方工作，同時調來了一位新主管。同事們很快就適應了主管的調換，唯獨慧慧沒有適應，她因此產生了極大的壓力。所以在工作中她拼命想要得到新主管的認可，在主管說話的時候，慧慧總是認真傾聽，主管安排的任務，慧慧也會盡力完成。可慧慧就是無法得到新主管的誇讚，新主管對慧慧的態度總是不冷不熱，這讓慧慧覺得自己受到了冷落。

　　之前的老主管總會誇讚慧慧工作能力強、踏實能幹、領悟能力好，對慧慧的各項工作都是讚賞有加，慧慧很享受老主管對自己的認可。可是新主管不冷不熱的態度讓慧慧覺得自己沒有得到他的認可，慧慧開始變得焦慮起來，她覺得自己的存在價值被新主管給否認了。

　　於是，慧慧開始花更多的時間去思索新主管的心思，她仔細觀察新主管的表情，只要新主管皺個眉、眼神不對，慧

慧就會覺得自己的心都要跳出來了，唯恐新主管說自己工作做得不好。長時間活在緊繃狀態下的慧慧很快就覺得身心俱疲，她從焦慮漸漸變得憂鬱起來。

慧慧很羨慕辦公室裡的其他同事，他們都比自己活得瀟灑，在新主管面前顯得很自然，不像自己這樣拘束、謹小慎微。慧慧覺得自己這樣活得很累、很壓抑，可她也不知道該如何改變自己，她總是特別害怕新主管否定自己。

每個人都希望獲得他人的認可，這是一種非常正常的心理。可如果將他人的認可當成一種必需品，沒有別人的認可就否定自我的存在價值，像個小孩一樣，對他人的認可非常敏感，甚至如慧慧一樣開始時刻揣測別人的心思，以期望自己被別人認可，那麼這種拚命想要獲得他人認可的心理就是病態的。這種人更容易成為情緒勒索的受害者，因為面對別人的一個眼神，或者看到別人皺皺眉頭，他都會輕易放棄自己心中的想法，立刻按照他人的要求去做，不會據理力爭。

對於慧慧來說，如果得不到主管的認可，就意味著她的工作是失敗的，她對自己的認可完全取決於別人。每當無法獲得他人的認可時，慧慧就會開始思考：「我為什麼沒有得到主管的贊同？我是不是做得不夠好？一定是我的工作哪裡出問題了，所以主管才不會稱讚我。」於是慧慧開始努力工作，期望得到主管的認可。可是慧慧發現不論自己怎樣做，新主

管對她都是一種不冷不熱的態度，既不誇讚也不批評，於是她變得更加敏感，開始觀察主管的一舉一動。

事實上，新主管對待辦公室裡的其他同事也是不冷不熱的態度，只有慧慧在意，並變得焦慮起來。漸漸地慧慧變得憂鬱，憂鬱有時是對憤怒情緒的壓抑，因此她開始對新主管產生了怨恨，覺得他沒能好好賞識自己。慧慧恐懼這種不被認可的感覺，好像無論自己做什麼都無法得到主管的認可，她開始不斷懷疑自己的工作能力。

為什麼慧慧和其他同事面臨同樣的工作環境、主管，卻有不同的反應呢？這到底是如何造成的呢？慧慧為什麼會選擇拚命追求他人認可的人際互動模式呢？我們每個人最初的人際互動都是在家庭裡完成的，第一個與我們進行人際互動的人通常是父母，因此每個人的互動模式都會受到原生家庭的影響，也就是說父母與孩子最初的互動模式會影響孩子長大後與他人互動的方式。

每個人年幼時都會產生不被認可的恐懼感。兒童十分在意父母的認可，因為只有被父母認可了，才能得到父母的關注和愛；相反，兒童如果失去了父母的認可，就會造成十分嚴重的後果，極少數的甚至可能被拋棄。因此兒童對他人的認可非常在意，他們可能覺得他們的存在價值完全取決於他人的認可。

　　慧慧的媽媽是個非常強勢的女人，家裡的大事小事都歸她管，尤其是慧慧的教育，完全被媽媽掌控。媽媽對慧慧的要求相當嚴厲，而且媽媽是個無法控制好自己情緒的人，每當慧慧無法達到媽媽的要求時，媽媽就會發脾氣。

　　有一次讓慧慧印象特別深刻，媽媽因為一件小事向慧慧大發脾氣，慧慧恐懼極了。後來媽媽氣消了之後，覺得自己做得不對，就向慧慧道歉了。慧慧覺得很委屈，沒有立刻接受媽媽的道歉，她媽媽是個急性子，看到慧慧不肯接受自己的道歉，立刻就生氣了，再次翻臉的媽媽發了更大的脾氣，大罵慧慧不懂事。

　　為了應對媽媽這種多變的情緒反應，避免媽媽發脾氣，慧慧漸漸養成了察言觀色的行為模式。和媽媽在一起時，慧慧總會小心翼翼地觀察媽媽的臉色和情緒變化，一旦媽媽表現出了準備發脾氣的樣子，慧慧就會馬上開始改變自己的說話和行為方式，避免媽媽發脾氣，因為只有這樣她才覺得自己是安全的。而且每當慧慧表現得好時，媽媽就會對她表現出贊同，她會誇讚慧慧是個好孩子，慧慧也很享受媽媽對她的誇讚。

　　慧慧的父母長期在外地做生意，沒有給予慧慧應有的關注和愛，總是將她交給奶奶看管。慧慧的奶奶是個有完美主義傾向的人，對慧慧的要求也很嚴格，總會批評慧慧這做不

好那做不好。每當慧慧不聽話時,奶奶就會對她說:「大家都喜歡聽話的孩子,你再不聽話,爸爸媽媽就不要你了。」慧慧不肯相信奶奶說的,更不相信爸爸媽媽會不要自己,可她還是怕極了,唯恐被父母拋棄,因此慧慧開始變得聽話起來,她發現只要得到奶奶的贊同,自己的感受就會好很多。長大後,慧慧變成了一個拚命想得到他人認同的人,在和其他人說話、互動時都會小心謹慎,唯恐惹對方不高興。

在每個人的幼年時期,父母都是十分關鍵的角色,在父母無條件的關愛和照顧下,孩子才會變得有自信、有安全感,會覺得自己是值得被愛的,覺得自己的存在是有價值的。相反,如果一個孩子沒有得到父母充分的關愛,他會變得缺乏自信、沒有安全感,長大後會特別渴望獲得他人的認可和讚許,即使這個時候他根本不需要完全仰賴他人的認可來獲得對自我價值的認同感,但這對他來說已經是一種強烈的心理需求了。

一個人一旦將自我價值完全寄託在獲得他人的認可上,那麼就等於將自己的情緒掌控權完全交到對方手上,只要對方的表情不對,自己的心情就會跟著變化。例如慧慧會密切關注新主管的皺眉、眼神等細小的變化,心情也會隨之波動。在老主管的誇讚和認可下,慧慧過得十分開心、充實,可一旦換了主管,新主管不再誇她,她就因為沒有得到仰賴的認同而變得焦慮,甚至憂鬱起來。

　　一個拚命想要獲得他人認可的人，容易活得很累，因為他很容易陷入情緒勒索中。如果他想要擺脫這種身心俱疲的困境，就必須意識到，自己的存在價值並不是完全依賴於他人的認可，即使得不到他人的認可，他依舊有自我價值，並且要堅信自己的價值。人人都渴望得到他人的認可，卻唯獨忘了自己對自己的肯定，其實得到自己的認可更為重要，因為只有我們自己才最有資格對自身的能力做出評判。慧慧總渴望得到新主管的認可，新主管卻是一個根本不善於向別人表達自我情緒的人，就算是原來的老主管，或許他只是習慣誇讚別人，慧慧卻十分重視這種隨意的評價，甚至當成一種對自我的定論，並開始因為這種評價的缺失而否定自我價值。

　　人人都具有社會性的一面，或多或少都需要得到他人的認可。一個總是拚命想要得到他人認可的人，無法一下子做到不在乎別人對自己的評價，但他想要做出改變，就必須讓自己變得強大起來，努力提升自身的能力，增強自我信心，這樣自然而然就會得到他人的認可。

　　慧慧在尋求新主管認可的時候，所採取的方式是曲意迎合，她會仔細觀察主管的表情，揣測主管的話語，她用了許多時間和精力去迎合主管，但主管並未因為慧慧的迎合而認可她，所以慧慧會覺得焦慮。她發現不論自己如何努力，都無法得到主管的認可，似乎怎麼努力都無法改變現狀，時間

長了自然會陷入憂鬱當中。如果慧慧把這些時間和精力都放在提升自我上，那麼她就會在努力中獲得自我價值感，漸漸發現自我價值是掌控在自己手中的，而非他人手中。

刻意迎合他人來獲得對方的認可，很容易使人陷入焦慮和憂鬱當中，他人是你無法掌控的，例如慧慧總希望新主管像老主管一樣誇讚自己，而新主管恰恰不是一個喜歡稱讚別人的人，而不論慧慧如何努力，她都無法改變新主管的這種性格。所以當慧慧總是執著於改變自己根本無法改變的事情時，自然會產生焦慮、憂鬱的情緒。

幸虧在故事的最後，慧慧決定做些什麼來改變目前的困境，她決定好好學學英語，尤其是練好英語口語，因為公司最近一直在拓展海外業務，英語好的同事都受到了主管的器重。她慢慢意識到只要提高自身的職場技能，自然會得到主管的認可。這種改變讓她很快獲得了新主管的認同。

最致命的自我懷疑

　　小雨在工作之餘喜愛炒股，她爸爸看到女兒炒股能賺錢，也想一起炒股。小雨告訴爸爸，炒股賺錢看起來雖然容易，卻要承擔很大的風險，在爸爸的堅持下，小雨開始幫爸爸炒股。後來小雨炒股失敗了，一共有 35 萬多元的本金被套牢在股票市場，其中有小雨自己的 10 萬多元，爸爸的 25 萬元。

　　一時間，小雨和父母過起了節衣縮食的生活，尤其是她的爸爸，變得精打細算起來，為了省錢不允許夏天開冷氣，導致小雨整個夏天幾乎全在熱傷風的狀態中度過。每當小雨花錢時，例如訂個外送，她的爸爸就會對她冷嘲熱諷。

　　自從炒股失敗後，家裡的所有家務全部由小雨承擔下來，不論是做飯、收拾碗筷，還是打掃環境、洗衣服，全都是小雨一個人做。如果小雨某天臨時有事耽擱了，她的爸爸就會抱怨，甚至還會謾罵，在爸爸看來，小雨就應該多做家務來贖罪，他將炒股失敗的所有責任都推卸到了小雨身上。其實在小雨爸爸決定炒股時，小雨就勸過他，股票市場的風險很高，可當時他只看到小雨賺錢了，覺得股票市場形

勢好，不顧勸說執意要投入 25 萬元，小雨根本沒必要為此負責。

　　一天晚上，小雨實在忍不住了，就吐露了自己的真實想法，她對爸爸說：「炒股虧本責任並不全在我，而且我主動承擔起家務也不是為了贖罪，我根本沒有罪需要贖！」爸爸一聽，把遙控器狠狠地摔在茶几上，對著小雨吼道：「你不用贖罪？哼！都是你的錯，逼得我現在這麼難受！我現在沒有錢花！你知道這有多痛苦嗎！」在爸爸的責怪下，小雨覺得非常委屈，同時也對自己產生了懷疑，她覺得如果不是自己炒股賠本了，自己與爸爸之間的關係就不會這麼糟糕，她甚至設想，如果當時炒股賺錢了，爸爸或許會對自己讚賞有加。

　　從那以後，小雨與爸爸之間的關係開始變得冷淡起來，爸爸時常看小雨不順眼，動不動就拿炒股失敗的事情來對小雨進行嘲諷，要求小雨做這做那。在爸爸心中，他始終覺得小雨應該為自己的損失負責，還會暗自盤算著小雨對家庭的付出，以抵消自己的損失。

　　媽媽則一直在逼小雨結婚生子，小雨已經年近 30 歲了，她周圍的女孩們幾乎都已經結婚成家，有許多已經生了孩子。小雨的媽媽很羨慕抱上外孫的姐妹們，在她所有的同事、親戚、朋友中，只有她沒有抱上外孫，每天只能眼睜睜地看著別人在社群平臺上秀外孫的照片。

小雨不想因為父母長輩的催婚而結婚，她有個閨密，就是因為覺得到了結婚的年齡而匆匆嫁給了一個男人，結果對婚後生活充滿了抱怨，變成了一個平庸、煩悶、無聊的家庭婦女。小雨覺得自己即使早已過了結婚的年齡，也不想在眾人的規勸聲中匆匆步入婚姻生活。

看到女兒根本不著急，小雨媽媽慌了起來，她每天都在催促小雨趕緊結婚生子，只要小雨一反駁，她立刻會將所有的怒氣都發到小雨頭上：「人家的女兒都結婚了，就剩下你自己了，結婚生孩子才是正常人應該有的生活。你真是一個自私的人，只考慮到自己的快樂和幸福，絲毫不顧慮我和你爸的感受！」

其實，小雨媽媽想要抱外孫的慾望並非只是為了女兒考慮，她只是不想在朋友裡落後。她的社群好友和通訊軟體群組裡都是朋友在秀自己家可愛的寶寶，只有她自己沒得秀，每當她看到社群平臺上有好友發小孩的照片時，她就會去刺激小雨。

當一個人的言行出現錯誤時，通常會遭到他人的批評，我們會根據批評而意識到自己的錯誤，從而進行改正，這是一種正常的心理狀態。但是我們不能總是生活在一個批評的環境中，長此以往，我們會因此而陷入致命的自我懷疑中，覺得自己的感覺或標準出現了偏差，從而相信對方的批評是

對的，最終將所有的責任都歸結在自己的身上。

例如上述案例中，炒股失敗的責任應該由小雨和她爸爸兩人共同來承擔，況且小雨已經事先勸說過爸爸，但小雨爸爸卻將炒股失敗的所有責任都推到了女兒身上，以平復自己焦慮的情緒。小雨爸爸這麼做雖然緩解了自己的焦慮，卻使小雨生活在痛苦之中。小雨爸爸用批評的方式使小雨產生了自我懷疑，小雨開始覺得炒股失敗就是她的責任，她應該做出一些彌補，於是小雨開始承擔所有的家務。不過爸爸並沒有因此放過她，他要讓小雨為自己焦慮的情緒負責，他覺得既然炒股失敗是小雨造成的，那麼他因失敗產生的焦慮情緒也應該由小雨來平息。

其實，沒有人需要為他人的情緒負責，每個人都應該學會與自己的情緒共處。情緒勒索者總是將平息自己情緒的責任推卸給受害者，不論受害者是否與此有關，情緒勒索者都覺得受害者應該負責幫他轉移負面情緒。

我們受根深蒂固的家庭文化的影響，強調父母、家庭的重要性，強調我們應該為家庭做出犧牲，應該聽從父母的意見。像小雨的媽媽，她覺得女兒已經到了結婚生子的年齡，就必須趕緊替她生個外孫抱抱，她覺得女兒應該滿足自己的這個願望，畢竟她身邊的親戚朋友都抱上外孫、孫子了。小雨媽媽會有這樣的想法，是受她自己的家庭和所接受的價值

觀的影響，她一輩子都在為家庭做出自我犧牲，所以她也希望女兒可以同樣為他們老一輩的價值觀犧牲自我，例如她覺得小雨必須在規定的年齡結婚生子。

　　小雨是個十分幸運的情緒勒索的受害者，她雖然在父母的責怪下對自我產生了懷疑，卻並未將決定權交給父母。許多受害者會深陷自我懷疑的泥潭，這往往是最致命的，因為他們會因自我懷疑而對自己的想法、感受和判斷力產生動搖，從而不再信任自己的判斷力，最後將決定權拱手讓給勒索者，讓勒索者來為自己的人生做決定。例如催婚這件事，如果小雨在媽媽一遍又一遍的催促和質疑中對自己產生了懷疑，就會覺得媽媽說得對，到了一定年齡結婚生子是每個正常人都會做的事，她就會放棄自己的想法和感受，聽從媽媽的建議，倉促結婚，由此可能會引發更大的生活衝突。

　　如果情緒勒索的受害者在堅持自我時，遭到了勒索者的責怪，例如小雨媽媽說她是個自私的人，總是為自己的快樂考慮，那麼受害者就會因壓力、焦慮和愧疚而更容易陷入自我懷疑之中。

　　在人與人之間的互動中，人們通常很少會產生自我懷疑，因為每個人都不喜歡被批評。如果一個人總是批評你，對你產生質疑，你會討厭他並遠離他。因此自我懷疑通常出現在與某個權威者的互動之中，尤其是和父母的互動中，因

為父母這一稱呼就意味著權威，尤其是控制型的父母，還因為我們對父母有著無比的信任感和依賴感。

控制型的父母很喜歡替子女做決定，因為他們深信「我吃的鹽比你吃的飯還多」，對自己的人生經驗過於自信，覺得子女太年輕，會做出讓自己後悔的決定，因此需要他們的干預。其實控制型的父母只是為了從控制孩子中獲得滿足，他們無法從自己的生活中獲得滿足感，所以將孩子視為「我」的延伸，努力將孩子教育成一個他們自認為優秀的人，從而滿足自己的自尊。每當他人評價他們的孩子如何優秀時，他們就會覺得很滿足，並從而獲得自我價值感。

控制型的父母在剝奪孩子選擇權利的同時，也剝奪了他們的自我認同感，使他們漸漸形成了自我懷疑的性格，因而在步入社會後很難堅持自己的判斷，會因為他人的批評而輕易懷疑自己的判斷力，很容易成為情緒勒索的受害者。

在每個人年幼時期，父母都是權威般的存在，我們仰賴於父母而生存。人類的嬰兒如此脆弱，每個孩子來到這個世界上時都需要完全依靠他人來獲得營養和愛撫。而滿足孩子需求的資源通常掌握在父母手中，這個時候父母極易控制孩子，例如用獎勵和懲罰的方式來控制孩子的言行，漸漸地，孩子會知道父母討厭和喜愛的事情，從而去迎合父母，進而更容易將父母視為權威。

　　嬌嬌在某城市上大學，大學畢業後她直接留在了那裡。在離鄉的過程中，媽媽不只一次地催促嬌嬌回家鄉上班、結婚生子，但在嬌嬌的堅持下一次次敗下陣來。後來，嬌嬌交了一個男友，她將男友帶回家並告訴媽媽，她和男友決定以後就在城市生活，兩人還決定結婚。

　　從那以後，媽媽就開始催促嬌嬌在城市裡買一間房子，她覺得既然嬌嬌決定在城市生活，就必須得有一間房子，這樣才能過得安穩。可嬌嬌和男友都不想買房，城市的房價高得令人咋舌，即使他們能在雙方父母的協助下交了頭期款，也要承擔高額的房貸，那樣他們就會失去很多自由，沒有更多的錢來享受生活。

　　最終，在嬌嬌媽媽的堅持下，她和男友終於在城市買了一間房子。但嬌嬌很快就發現這個結果使她和父母都很不滿，他們雖然彼此都做出了犧牲，卻都不快樂。嬌嬌覺得自己根本不想買房子，卻在媽媽的逼迫下不得不背上高額的房貸，她自己的積蓄也都拿來付頭期款，沒有多餘的錢可以用來娛樂；同時嬌嬌還覺得非常愧疚，因為父母也拿出了所有的積蓄來支付房子的頭期款。嬌嬌的媽媽也覺得很委屈，因為她為了女兒做出了極大的犧牲，她將自己所有的養老錢都拿給女兒買房子了。

　　有一次，媽媽告訴嬌嬌，她生病了但沒有去看病，因為

她覺得應該盡一切可能存錢，來替嬌嬌支付房子的頭期款。嬌嬌覺得非常愧疚，同時也很委屈，因為是媽媽堅持要買房的，她做出妥協是為了讓媽媽放心。而且嬌嬌也為完成媽媽的心願付出了很多，不僅花光了積蓄，還得努力賺錢還房貸。

因為父母比子女多出了二十多年甚至更多的生活經驗，所以子女總覺得父母比自己懂得多，比自己更具有生活智慧。因此當父母逼迫子女妥協時，子女更容易陷入自我懷疑中，他們相信父母比自己更有生活智慧，會幫自己做出正確的決定。

當一個人陷入自我懷疑之中時，他就會缺乏自信，即使對方提出的要求並不合理，他也很容易答應並做出妥協。自我否定的人是最容易屈服的，因為他不相信自己的能力，覺得對方比自己更聰明、更有智慧，所以更容易將對方的要求合理化，從而放棄自己的判斷。

在上述案例中，嬌嬌媽媽的生活經驗是，只有有了屬於自己的房子，才算扎根於城市了，女兒的生活才能安穩。實際上，這只是她自己的生活經驗，並不適用於在城市生活的嬌嬌。嬌嬌本不想買房子，她不想成為房奴，最後卻不得不做出讓步，她覺得媽媽的想法是對的，畢竟她有那麼多年的生活經驗。所以儘管嬌嬌覺得媽媽的這個要求不合理，還

是答應了，因為她覺得媽媽這麼做是為了她好，是想她在城市有個安穩的家。嬌嬌潛意識裡也認同了媽媽將安穩和房子畫等號的觀念，從而造成雙方都做出犧牲，還都不快樂的局面。

第六章　被奪走的心理能量

──自我完整感的喪失

一點一點被吞噬的自尊

　　小潔在兩個月前透過朋友介紹認識了浩子，兩人一見鍾情，再加上專業相同，有很多共同話題，沒過多久小潔就與浩子確立了戀愛關係。小潔是個性格文靜、內向的女孩，浩子是個開朗、豪邁的人，兩人的性格正好互補。在兩個月的相處中，小潔和浩子都覺得很開心，甚至已經將彼此視為結婚對象。三個月後，小潔答應了浩子的同居要求。

　　同居了一段時間後，小潔與浩子之間的甜蜜愛情漸漸出現了危機。自從同居開始，家裡的所有家務全部被小潔一人包攬，浩子一回到家就坐在那裡玩遊戲，什麼都不管。有時，小潔因為工作晚回家了一會，浩子就會因小潔沒有按時回家幫他做飯而冷嘲熱諷，甚至還會大吼大叫，質疑小潔不再重視他，不再像以前那樣死心塌地愛自己了。

　　最初小潔只是默默忍受，後來她開始找閨密傾訴，閨密聽後覺得不可思議，就勸小潔：「因為工作需要加班晚回來，不是一件很正常的事情嗎？他浩子難道就不加班嗎？我覺得你還是和他多溝通溝通吧，總是因為一點小事吵架，鬧得雞

飛狗跳的，會傷感情。」小潔覺得閨密的話很有道理，於是就決定抽個時間好好和浩子談談。

但這個問題不是單純透過溝通就可以解決的，浩子希望小潔能按照自己的意願和喜好來行事，他告訴小潔：「你既然愛我，你就得放下工作，按時回家幫我做飯。」對於浩子來說，他的需求理應高於小潔，所以他會理所當然地享受小潔的付出和犧牲。後來浩子甚至直接威脅小潔：「如果你不按時回家幫我做飯，按照我的方式去做，我肯定不會讓你好過。」

漸漸地，小潔無法忍受這樣的感情和生活，想要分手。但浩子不想輕易分手，他不停地胡攪蠻纏，讓小潔糾結了很長時間。後來小潔終於下定決心，向浩子提出了分手。看到小潔態度那麼堅決，浩子憤恨地說道：「你真是一個冷血的女人，這麼輕易就放棄了我們的感情，放棄了我們之前共同規劃好的未來。我知道了，你一定是出軌了，認識了一個比我有能耐的男人，所以你才想要和我分手。你記住了，我不會讓你好過的！」

浩子已經和小潔生活了一段時間，他十分了解小潔，尤其是知道小潔一個不可告人的祕密。小潔在大學期間曾遭受過強姦，她在和浩子談戀愛時告訴過他，她覺得不應該隱瞞浩子，並明確告訴浩子，如果浩子能接受她這段痛苦的經

歷，兩人就可以繼續發展下去。當時浩子的反應讓小潔很感動，他顯得非常大度，對小潔很憐惜，他的態度立刻讓小潔覺得自己找到了真愛。然而讓小潔萬萬沒想到的是，浩子居然利用這段隱祕往事來威脅她，這讓她非常痛苦。

在這個故事中，浩子就是個情緒勒索者，他不斷以感情為要挾對小潔進行索取，每當小潔不順從或提出質疑時，浩子就會用爭吵的方式威脅小潔，最後還將分手的過錯推到小潔身上，指責小潔出軌，有了新歡，對這段感情不忠貞。浩子總是標榜自己忠誠於這段感情，他很愛小潔，卻一直在榨取對方，他內心深處從來沒有意識到自己的錯誤，還一直堅信自己是對的，他從來不覺得自己的言行對小潔帶來了傷害，是在一步步將她推遠，從而致使小潔實在無法忍受，提出了分手。

情緒勒索者存在於各式各樣的人之中，但他們都有一個共性，即對於勒索者來說，他必須控制住受害者，他所提出的要求，受害者必須順從。不論受害者付出了多少，勒索者都會覺得理所當然，而且還會提出更多的要求。一旦受害者不順從，那麼勒索者就會立刻替對方貼上情感背叛者的標籤，將所有的錯誤和責任都推卸給受害者，他則開始假扮受害者的角色。

無論浩子如何威脅小潔，小潔都堅決要與他分手，作為

一個情緒勒索者，浩子沒有輕易放過小潔，他向小潔的同事、同學、家人發了郵件，不僅將小潔的隱祕往事曝光，還說小潔出軌拋棄了他。他一直往小潔身上造謠，將小潔塑造成了一個不貞潔、不懂得自愛的女人，還總是強調自己受到了傷害，是被小潔拋棄的人。浩子不僅是在賣慘，他還在榨取小潔，一邊賣慘，一邊攻擊小潔，他的真實目的是威脅小潔，要小潔重新回到他身邊，繼續被他榨取。

人是一種有自我意識的動物，自我意識就是自己對自己的看法，是每個人內心的自我映象，而自尊的本質就是自我意識。通常情況下，我們會在與他人互動時，透過具體事件中的自我表現來評價自己，從而獲得自尊。但當一個人陷入情緒勒索中時，他的自尊會一點一點被勒索者削弱，直到消失，這樣勒索者才方便控制受害者。

自尊由自我效能和自愛兩部分組成。自我效能指對自己能力的信心，相信自己有能力應對生活的挑戰，認為自己有能力解決生活中的困難。情緒勒索者會透過貶低、威脅等方式剝奪受害者的自我效能，受害者會在與勒索者的相處和互動中，漸漸害怕衝突，因為一旦衝突出現，受害者就會被勒索者責怪，產生愧疚、恐懼等複雜的負面情緒，並會因此覺得自己很糟糕，由此對自我效能產生懷疑。受害者會發現自己根本無法解決衝突，於是只能在雙方的衝突中順從，從而達到息事寧人的目的。

　　自愛即認為自己值得擁有幸福的生活，值得被愛，與肯定自我價值密切相關。在情緒勒索中，受害者會慢慢變得不再在乎自己的感受，反而越來越在乎勒索者的感受，他們會時時刻刻照顧勒索者的情緒和要求。漸漸地，受害者就會和勒索者形成一種情緒勒索模式的互動關係，受害者的自尊被一點一點吞噬掉，最終失去了自我，缺乏自愛。

　　如果一個人缺乏自愛，那麼他就會害怕表達自己的需求和願望，會覺得自己不配得到他人的尊重和愛，總是處於一種「自己很糟糕」的心態中。小潔在和浩子同居後，就一直在妥協，她按照浩子的要求承擔所有的家務，按時幫浩子做飯。可當小潔無法滿足浩子的要求，或者對浩子的無理要求提出反對時，浩子就會和她發生爭吵，小潔開始害怕和浩子發生衝突，她發現盡快平息浩子怒火的方式就是順從，漸漸地，小潔開始害怕表達自己的感受和不滿，她不再自愛，在與浩子的互動中，小潔不僅沒有體驗到愛情的甜蜜，反而開始找不到自我存在的價值。最終小潔決定遵從自己的內心，她選擇和浩子分手，以重拾自尊。

壓抑、忽視自己的感受

　　小說《金鎖記》中，女主角曹七巧被人稱為「麻油西施」，她出身於小市民階層，家中雖然比不上富貴人家，但也算得上殷實，再加上她人長得漂亮，找個門當戶對的歸屬不難，本可以過好安穩幸福的一生，但她偏偏嫁給了姜公館的二少爺，一個得了骨癆的身障者。曹七巧本來是要做姨太太的，但姜老太太覺得既然不打算替二爺另娶，二房總得有個當家的媳婦，索性把曹七巧扶了正，做了太太，好讓她死心塌地伺候二爺。

　　曹七巧的哥嫂貪戀姜公館給的彩禮，曹七巧則因與三少爺季澤一見鍾情，為了能接近季澤就答應了這門婚事。婚後，當季澤得知曹七巧已經成了自己的二嫂時，開始故意躲避她，還經常外出尋花問柳，即使後來娶了蘭仙為妻，也經常不回家。

　　在姜家，曹七巧就相當於一件物品，姜家人從來沒將曹七巧當成二太太過，就連丫鬟也覺得她是個上不得檯面、粗俗無禮的人。就這樣，曹七巧的心理慢慢變得扭曲，她不再

對愛有所期盼，也失去了愛人的能力，最深受其害的便是她的一對兒女──長白和長安。在丈夫和姜老夫人相繼去世後，姜家分了家，曹七巧帶著長白、長安另租屋子居住。

　　作為曹七巧的女兒，長安從一出生就注定了悲劇的命運，她從沒有感受過母愛。長安父親因患有骨癆病早早地就去世了，母親則是個守寡的怨婦，只看重金錢。她經常遭受母親的苛刻對待，又無法掙脫，只能壓抑地活著，養成了自卑的性格。

　　13 歲時，長安在母親的堅持下裹了腳，當時曹七巧只是一時興起：「你人也大了，卻長著一雙大腳，是我耽誤了你，現在替你把腳裹起來，也還來得及。」在被裹腳的時候，長安明明不情願，卻只能帶著撕心裂肺的疼痛用哭聲來發洩自己的不滿。當時旁邊的老媽子曾勸過曹七巧，說裹腳已經不時興了，別人家的女孩都不再裹腳了，這可能會影響女孩定親。但曹七巧一口回絕了，她堅持替長安裹腳，並放話說即使沒有人要長安，她也會養活長安一輩子。軟弱無能的長安只能接受。

　　一年後，曹七巧的興致過去了，長安的腳得到了解脫，卻變了形，再也無法恢復原狀，看起來十分畸形，這也因此成了大家的笑談。

　　當曹七巧得知姜家大房三房都將女兒送到洋學堂後，就

存心和她們較勁，將長安送到了滬範女中。在學校裡，長安漸漸擺脫了母親，她少女的本性被激發出來，不到半年整個人的精神狀態都振奮了許多。

後來長安因在女中不見了幾件衣服的事情被曹七巧得知，曹七巧非要鬧著去找校長討個說法，長安擔心被同學們看到瘋子一樣的母親，再也不肯去上學了。她唯恐被人看不起，努力維護著那可憐、虛偽的自尊，並自欺欺人地在自己心中塑造了一個理想化的形象來安慰自我。實際上，長安一直很自卑，覺得自己的一切悲劇都是她母親造成的，但她卻無法擺脫與母親惡劣的關係。

於是長安結束了自己快樂而短暫的校園生活，她的心理也因此發生了極大的轉變，面對母親時她變得更加順從，因為她發現在與母親相處中自己只有屈服才能平息一切。她只能在半夜的時候透過吹口琴來表達自己的不滿，可她又害怕母親聽到口琴聲，只能將聲音壓低再壓低。

漸漸地，長安的言行舉止越來越像曹七巧，她甚至開始模仿她，她不再努力接觸上進的思想，變得安分守己起來，學會了母親那一套挑撥是非、使壞的手法，活脫脫成了另一個曹七巧。後來長安在母親的引誘下，還染上了鴉片癮，抽得比長白還要凶猛。吸食鴉片需要很多錢，這樣長安就更離不開曹七巧了。曹七巧還切斷了長安與外面的聯絡，每當

有人上門提親時都會被曹七巧回絕，她的理由是對方是圖財來的。

在母親的控制下，長安 30 歲了還沒有嫁人，而嫁人已經成為她擺脫母親控制的唯一機會。在堂妹的安排下，長安與留學生童世舫相識，兩人一見鍾情，於是訂下了婚約。因為戀愛，長安像是重新活了過來似的，她開始戒菸，憧憬未來幸福的生活。但敏銳的曹七巧立刻感覺到了女兒的喜悅，儘管長安一直很沉默。曹七巧被激怒了，為了緊緊拉住長安，她先是辱罵長安，後又勸誘長安。長安一邊享受著戀愛的喜悅，一邊害怕母親會鬧出亂子，她覺得母親一定會使出什麼手段來破壞她與童世舫的婚約，但她又無法擺脫，只能靜靜地等待那一天的來臨。

童世舫會看上不起眼的長安，是因為他有一段特殊的經歷。在留學期間，童世舫和一個西洋女孩談起了戀愛，他本以為會和對方廝守終身，卻慘遭拋棄，從那以後童世舫再也不相信西式的愛情，他開始嚮往中國式的婚姻。這時他認識了長安，他覺得自己和長安是再合適不過的一對，於是就與長安約定結婚。

有一天，長安偷偷溜出去與童世舫約會。回家時，長安自然遭到了母親的盤問。為了破壞女兒的婚事，曹七巧開始裝可憐，她一邊哭一邊說：「我的兒，你知道外面的人如何評

價你嗎？自從你娘我嫁到姜家以來，他們從來都看不起我，你不知道我明裡暗裡受了多少氣。我辛辛苦苦守了二十年的寡，就指望著你們姐倆兒長大為我爭口氣，沒想到今日落得如此下場。」

母親的這番話給了長安很大的打擊，她的自卑感和軟弱立刻占了上風，她因戀愛鼓起的勇氣此時消失殆盡，她開始越來越害怕童世舫知道自己有曹七巧這樣一個母親，畢竟曹七巧的壞名聲可是鄰里皆知的。

後來曹七巧將童世舫約到家中，用漫不經心的語氣告訴他，長安從小就有抽鴉片的毛病。童世舫自從進入曹七巧家中後，立刻被一種陰森的氣氛嚇住了，當他得知長安吸食鴉片後，倉皇地從姜家逃了出來，長安也沒有去挽回，認命地靜靜跟在童世舫後面將他送走。從那以後，長安斷掉了一切戀愛結婚的念頭，如行屍走肉般跟著母親生活，不再有什麼想法。

曹七巧將兒子長白的人生也攪鬧得不得安寧，她沒有阻止長白結婚，她也從不怕長白想著自己的錢，因為她覺得等自己百年之後錢都是長白的。但自從長白結了婚後，曹七巧的心裡就覺得不對勁了，她想霸占著兒子，但兒媳芝壽的到來使她覺得自己留不住兒子了，於是曹七巧故意當著兒子兒媳的面談論他們夫妻二人的祕事，甚至還在和親家母打牌的

時候故意當眾說了出去，導致親家母羞愧離開。芝壽因為氣
不過，最終被氣得得了肺癆，很快就死了。

　　《金鎖記》這部小說所描述的故事雖然是在特定的時代背
景下發生的，但曹七巧利用親情對長白和長安進行情緒勒索
這種事情在現代生活中也十分常見。不少人都因為飽受父母
的情緒勒索而痛苦不堪，例如一位母親為了讓兒子娶一個自
己心儀的媳婦，會威脅兒子說：「你不答應我，我現在就去
死！我辛辛苦苦將你拉拔大，卻沒想到養出這樣一個忘恩負
義的東西！」當一位父親看不上女兒找的男朋友時會威脅女
兒說：「你現在越來越不聽我的話了，非要和他談戀愛，你
如果堅持要和他好，就再也不要回這個家了！我沒有你這個
女兒！」

　　對自己的感受以及表達感受的能力是自我的重要組成部
分，但如果一個人陷入了情緒勒索的關係中，他往往會壓抑
自己的感受，順從勒索者的要求，他會覺得自己的感受沒有
人在乎、重視，自然也就不重要了，最後完全喪失表達自己
感受的能力。最終受害者會變成一個如同長安一樣的行屍走
肉，沒有感受，只會一味地順從對方。

　　情緒勒索者為了達到自己的目的，十分擅長影響受害者
的情緒，使受害者陷入恐懼和愧疚之中，從而將引發衝突的
所有責任都推卸給受害者。在勒索者的影響下，受害者很害

怕衝突，甚至會將產生衝突的責任攬在自己身上，最後變得不再在乎自己的感受，而將勒索者的感受、情緒放在首位，隨時注意著勒索者的情緒變化。

在曹七巧的影響下，長安變得順從而自卑，每當母親向她提出要求時，她只能選擇答應，例如裹腳，否則母親就會像個瘋子般鬧得盡人皆知、家宅不寧，直到長安做出妥協。長安離開學校後，徹底開始了墮落的生活，她也想擺脫這樣的生活，渴望戀愛和婚姻生活，並覺得只有愛才能使自己鼓起勇氣，脫離母親的掌控。

當長安遇到童世舫時，她彷彿一個溺水者得到了拯救，但曹七巧的惡意破壞使得長安再次墮入泥沼般的生活中，她發現自己根本無法掙脫母親的束縛，只要她不按照母親的心意來生活，就會出現衝突，最後長安只能忽略自己的感受，完全順從母親。在長達 30 年的相處中，長安早已學會了忽視和壓抑自己的感受，最後使自己變成了一個沒有感受的人，因為只有這樣長安才會在麻木中忘記痛苦。

長安從出生起就深陷在情緒勒索的困境中，她從未體會過母愛，她與母親之間的互動只有命令和順從，她從來沒有從母親那裡得到過愛和快樂。曹七巧將長安送到滬範女中上學，也只是和姜家的大房三房攀比。當長安在學校不見了幾件衣服，並得知母親要去找校長理論時，她害怕極了，為了

保住自己的顏面，她便不再去學校。長安一直生活在母親製造的恐懼之中，慢慢地她開始習慣順從母親的一切要求。

在情緒勒索中，勒索者會利用受害者的恐懼心理來控制他，受害者害怕被勒索者辱罵、嘲諷，害怕當自己反抗時勒索者對自己的貶低和侮辱，於是受害者只能做出符合勒索者要求的行為。當長安得知曹七巧獲悉了童世舫的存在時，她就一直擔心母親會使出什麼手段來，其實從那時起她就已經決定要放棄這段戀情了，因為她害怕母親的手段。

受害者在與勒索者相處的過程中，會隨時注意對方的言行舉止，從而了解勒索者的情緒狀態，最終決定自己該怎麼做。這樣一來，受害者會因長時間的順從、討好而漸漸喪失自我，壓抑、忽視自己的感受，並將遵從勒索者的感受當成自己最重要的事情。

當勒索者所提出的要求太過強人所難時，受害者的反抗心理就會出現，勒索者為了打壓受害者的反抗，會採用各種辦法，甚至用受害者最在乎的事情來威脅他。當曹七巧提出讓長安離開童世舫時遭到了長安的反對，她立刻聲淚俱下，一邊說自己守寡撫養長安如何不易，一邊提醒長安外面的人都看不起她們母女，而長安恰恰最在意別人對她的看法，唯恐別人知道她是曹七巧的女兒，這對長安來說無疑是一種最可怕的威脅，長安沒有別的選擇只能就範。

　　在情緒勒索的關係中，受害者只能感受到害怕和痛苦，因為勒索者根本不會尊重他、愛他。在恐懼之中，受害者只是壓抑、忽視自我，透過不停地妥協、委屈自己，避免雙方產生衝突。漸漸地，受害者會無法感受到自我價值，而自我價值是自我完整性的重要組成部分，也就是說受害者喪失了自我完整性。長安沒能擺脫母親的情緒勒索，最後她成了一個徹底墮落的人，對未來不再有期待，只靠著曹七巧的遺產活著，僅僅是活著而已。

說服自己，他是為我好

一天晚上，一位父親回家時發現年僅 10 歲的女兒喝了農藥，她向家人留下了一份手寫的遺書。

遺書中寫道：「爸媽爺奶，當你們看到這封信的時候，我有可能已經不在人世了，因為我功課不好。爸媽爺奶，我死不是因為我的老師，是因為我自己。再見了爸媽爺奶，是我不孝順，下輩子再來做你們的好女兒。我死了之後我的衣服交給我的好朋友吧，我死了不要太想我，再見了！……老師不讓我考試了，我活在世上也沒有意義了。再見了，當你們看到這封信的時候，我可能不在世了，因為我功課不好，我死不是因為爸媽，也不是因為老師，是因為我自己。」

據小女孩的父母透露，小女孩在小學讀四年級，由於學業成績差，他們經常被老師叫到學校。上週，他們再次被老師叫到學校，因為女兒的習題做得太差，當時老師告訴他們，不讓女兒參加期中考試了，因為擔心她的成績會拖全班的後腿。

不過，小女孩父母的這一說法遭到了校方和老師的否

認，他們表示沒有不讓孩子參加期中考試。不管是什麼原因促成了小女孩的自殺，我們都可以從小女孩的遺書中感受到，她生活得並不愉快，甚至得不到父母、老師的關愛，她的學業成績雖然不好，卻是個很懂事的孩子，覺得父母和老師的批評都是為了自己好。

小女孩沒有控訴父母對自己的打罵，因為她知道爸爸媽媽雖然打她罵她，卻都是為了她好，這是父母灌輸給她的觀念。她希望自己能讓父母滿意，可是她做不到。在情緒勒索中，當勒索者所提出的要求讓受害者太過為難時，受害者就會產生不舒服的感覺，例如自我懷疑、不被尊重感、無力感等。這時，受害者通常會反抗，而當受害者無法反抗或者沒有反抗能力時，受害者就會對勒索者的要求進行合理化。

合理化的過程其實就是受害者說服自己接受勒索者要求的過程，受害者會告訴自己：「他是為了我好才提出這樣的要求，他是希望我變得更好。」小女孩每天都在對父母的要求進行合理化，認為父母打她罵她都是為了她好，她認同媽媽說的，她不是一個讓父母放心和滿意的孩子。所以當老師取消了她參加期中考試的資格時，小女孩對自我的憎恨達到了頂峰，她覺得自己失去了活下去的意義和勇氣，於是她代替父母對自己進行了懲罰。

現如今，我們生活在一個十分開放的社會環境下，一個

人想要控制一個成年人，對他進行情緒勒索，並不是一件容易的事情，因為成年人有自己獨立思考和反擊的能力，當他因情緒勒索產生不舒服的感受時，他會想辦法反擊或逃離。可如果受害者是未成年的孩子，他就很難避免被父母或者其他親人、朋友進行情緒勒索，也更容易將他們的情緒勒索合理化，並說服自己他們是為了自己好。

親子關係可能是最無私的關係，也可能是最不平等的關係，因為父母掌控著孩子生存的小世界，他們可以決定孩子如何生活，是快樂無憂地度過童年，還是在龐大的壓力下成長。在正常的親子關係中，父母會幫助孩子建立自己的價值觀，幫助他適應社會，學會合理管理自己的情緒。

不是所有的父母都是合格的父母，有的父母在他們自己成長的過程中，並未形成完善的人格，或許他們也是情緒勒索的受害者，所以當他們面對自己的孩子時，極有可能從受害者轉變成勒索者，按照他們曾經所遭受的那樣，摧毀孩子的自我價值感，對孩子進行情緒或言語上的虐待。案例中的小女孩只有 10 歲，本應該無憂無慮地享受她的童年，但她卻因為父母和老師的責罵每天生活在自我憎恨中，其實父母和老師的責罵以及施加給她的壓力都是精神上的虐待，無形卻致命。

小女孩的學業成績不理想，她的父母為此經常被老師叫

到學校去。父母在被老師指責的時候，一定覺得女兒很丟臉，他們因為別人的評價而感到羞恥，這種不良的情緒他們本應該自己管理好，但他們卻將此轉嫁到了女兒身上，回到家後對女兒大發脾氣，而小女孩也覺得羞恥，但她沒有反抗的能力，只能將父母的打罵行為合理化，進而轉向自我攻擊，憎恨自己為什麼無法達到父母的期望和要求。於是小女孩只能壓抑並譴責自己，每天都活在緊張和龐大的壓力下，直到最後被壓垮。

父母在養育孩子的過程中，會因為外界的種種壓力而打壓、責罵、貶低自己的孩子，例如不少父母會覺得孩子功課成績不好是件很丟臉的事情，會在開家長會時因老師的責怪而覺得羞恥，為了不承擔這樣的外界壓力，父母會強迫孩子努力學習。有的孩子一邊承受著無法化解的壓力，一邊忠誠於父母，努力去完成父母對自己規定的目標，努力順從父母對自己的要求。當他們無法達到父母的要求時，他們就會自我憎惡、自我攻擊、自我折磨，甚至不惜扭曲自己的人生。他們為了得到父母的愛貢獻著自己的人生，絲毫沒有自我價值可言。

王芳是同齡人中的佼佼者，在大學畢業後留校任教，後因教學成績突出被破格升遷，年僅 35 歲就已經是教授，還擔任著某大學工商管理系的副主任，是學校裡當時最年輕的教授和中階主管。她的丈夫蘇亮是公務員，身居高位。

　　如此優秀的王芳自然對自己的女兒充滿了期待，她生下女兒後替她取名為金瑤，她告訴丈夫，她的女兒將來一定要比別人家的孩子優秀。但王芳很快就失望了，她發現金瑤是個發育比普通孩子遲緩的女孩，當和金瑤一樣大的孩子已經學會跑時，金瑤還走不穩；金瑤的語言能力也發育遲緩，別人家的孩子都已經會喊「阿姨、奶奶」了，金瑤卻連「爸爸、媽媽」都不會叫。這讓王芳覺得很生氣。

　　很快，金瑤到了上小學的年齡，此時的王芳對女兒更加失望了。金瑤的考試成績永遠徘徊在班上的中後段，王芳覺得明明是一些只需要稍稍動動腦就可以完成的試題，金瑤卻總是做錯。王芳覺得女兒天生愚笨，為了讓女兒聰明起來，王芳開始逼著金瑤吃各種腦部保健品、補品。但金瑤的學業成績還是很差，身體卻因補品早熟起來，小學四年級就月經來潮，最終王芳在醫生朋友的強烈建議下，不再逼迫金瑤吃補品。

　　王芳並沒有因此放棄將女兒打造成一個優秀的人的目標，她替女兒請了各科家教，對女兒進行一對一輔導，把金瑤的課餘時間安排得滿滿的。讓王芳欣慰的是，在各式各樣的輔導之下，金瑤的考試成績終於進步了，還在小學五年級第一學期的期末考試中獲得了班級第一的好成績。

　　金瑤的進步立刻引起了老師的重視，班導師覺得她很有

潛力，就將參加全區智力競賽的名額給了金瑤。在競賽中，金瑤的反應能力根本比不上其他選手，她還沒聽懂題目時，其他同學就已經按響搶答器給出了答案，最終金瑤居然一道題都沒回答，甚至連搶答器都沒能按上。

金瑤將這段經歷記在了日記中：「我反應慢，總會拖大家的後腿，可是媽媽不願承認這一點，她覺得她和爸爸都是菁英，按照基因遺傳，我不可能不聰明。所以父母能幹並不一定是好事，我活得不快樂，他們也很辛苦。」

等金瑤上了國中後，王芳更加重視女兒的課業，她傾盡所有積蓄為金瑤請來了當地數一數二的各科家教老師，金瑤的學業成績得到了很大進步，每次考試都能獲得班級前五名的好成績。每當王芳拿到女兒的成績單時總會感嘆道：「你的聰明真是被媽媽強行挖掘出來的。」

後來金瑤終於考入了知名高中，但在第一次月考時卻科科不及格。班導師找來王芳談話，並在不經意中提到說有人懷疑金瑤在高中入學考前提前得到了考題，才能考入知名高中的。王芳一聽立刻急了：「就衝你這句話，我可以告你誹謗！」之後，王芳強行將班導師拉到校長室，在她的爭執下，班導師向她道歉，這時王芳趁機向校長提出：「這樣對金瑤有成見的班導師，不適合做我女兒的老師，我可以不向教育單位反映此事，前提是得把金瑤調到高一六班。」

　　高一六班是資優班，金瑤本來就跟不上高中課程的進度，在資優班的學習對她來說無異於一種折磨，一貫聽話的金瑤終於向媽媽提出了反對意見：「我要退學！老師講的東西我根本聽不懂，高中的課程對我來說實在是太困難了，我想到職業學校去學習看護，將來畢業後去養老院工作。」王芳當然不會同意女兒的想法。當丈夫看到女兒很辛苦時，也試圖說服王芳，想讓妻子尊重女兒自己的選擇，王芳卻用十分堅定的語氣對丈夫說：「比我們家金瑤差一萬倍的孩子都能考上大學，她怎麼就不能？我告訴你蘇亮，除非我死了，否則我一定會讓金瑤上大學，而且是名校！」在王芳的壓迫下，金瑤終於考入了某大學法學院。

　　金瑤本以為上大學後終於可以逃離媽媽的控制，過一段輕鬆自在的生活了，但第一學期的考試結果卻打破了她的希望，她成了班上唯一一個高數沒及格的人。之後金瑤只能像高中時那樣努力念書，才能不被當掉。

　　大學畢業時，金瑤在聚會上喝了很多酒，她很高興，在發表畢業感言時她說：「終於畢業了！大家最高興的事情是終於可以走入社會，自力更生。而我最高興的是，我終於不用念書了，這十幾年的讀書生涯對我來說實在是太累了。」

　　但王芳沒有放鬆，她到處幫女兒託關係，替金瑤找當地有名的律師事務所，讓她去實習。在媽媽的堅持下，金瑤只

好進入一家專事海事官司的律師事務所工作。

在上班的第一天，上司就交給金瑤一個任務，是讓她向加拿大的一個客戶發郵件，告訴對方官司的進度，並且要對方再提供一份新的資料。這個任務對於其他人來說，應該可以輕鬆完成，可金瑤的英語程度一般，而且她大學時的專業並非《海事法》，郵件中的很多用語她都沒有把握。

金瑤只能向其他人求助，但同事們都很忙，沒有人肯幫她，只會對金瑤說：「我很忙，你應該知道自己的事情要自己做。」

下班時，上司問金瑤工作完成了嗎？金瑤只好將實情告訴上司。金瑤的上司是個出了名的嚴肅的人，當他知道金瑤連這點簡單的工作都做不好時，十分生氣：「你自己做不了，為什麼不請別人幫忙？你知不知道你耽誤這一天，公司會損失多少佣金？」金瑤覺得很委屈，就對上司說：「同事們都不肯幫忙，他們都在忙自己的事情。」上司更生氣了：「你自己平時不注意打好人際關係，人家憑什麼幫助你？怎麼？還要我教你怎麼向別人求助？」金瑤被罵哭了，她當時恨不得找個地洞鑽進去，她感覺到很多同事都在看自己，覺得同事們再也不會有人看得起自己了。

回家後，金瑤告訴王芳：「媽媽，我不想在這個公司工作了，我根本做不了這個。」王芳聽後立刻生氣道：「你堂堂

一個法學院畢業的學生，才上了一天班就說這樣喪氣的話，你不覺得丟臉嗎？」在媽媽的堅持下，縱使金瑤再不情願，也得硬著頭皮去上班。

漸漸地，金瑤成了事務所裡可有可無的人，她不只一次想辭職，可是王芳不允許，王芳告訴金瑤只要她能留在事務所裡，就可以在找對象時挑選到條件好一些的。王芳還告訴女兒，只要她不主動辭職，事務所礙於她爸爸的面子，永遠不可能開除她。

一天，金瑤終於無法忍受這樣的生活了，她向父母發了一封郵件：「爸爸媽媽，我一直希望能達到你們的期望，成為一個菁英，可是我始終無法做到。我真的很累，一直生活在不屬於自己的圈子裡，別人的聰明只能顯示出我的愚笨。我真的太累了，只想好好休息，或許我可以去天堂找屬於我的同類，他們不聰明，但卻可以活得很快樂。」之後，金瑤從公司的樓上縱身躍下。

當情緒勒索的受害者發現自己無力改變現狀時，就會將勒索者的要求合理化，只有這樣才能安撫自己不舒服的感受，從而使自己不再那麼痛苦。當受害者試圖說服自己，勒索者是為自己好時，意味著他已經很痛苦了，所以才需要用合理化的方式讓自己舒服一點，從而在情緒勒索式的關係中支撐下去。

王芳逼迫金瑤成為菁英，不只是為了女兒的未來著想，更是為了滿足自己的面子，她認為自己的女兒一定要學業優秀、上名校，這樣才能對得起她和丈夫這麼好的基因。但天資不高的金瑤始終無法滿足王芳的這個要求，她在王芳的堅持下努力學習，每天都生活在龐大的壓力下，活得很累、很痛苦。

但金瑤沒有做出激烈的反抗行為，因為她已經習慣性地將母親的要求合理化了，習慣過度忽視自己痛苦的感受。她一直在忍耐，忍耐過國中、高中，她以為到了大學會輕鬆，但大學還要努力念書，好不容易等到畢業了，金瑤以為自己終於忍到頭了，沒想到卻被媽媽塞進了律師事務所裡，每天和優秀的、聰明的同事相處，越發使她覺得自己無能、愚笨，她看不到未來，於是選擇了極端的方式。

情緒勒索中的受害者將勒索者要求合理化的同時，也在提高自己的忍耐度，他越是合理化勒索者的要求，越覺得勒索者是為了自己好，他的忍耐能力就越強。與之相反的是，受害者的自我價值會越來越低，無法體驗到成就感和幸福感，從而越來越沒自信，無法接受自己。金瑤就是在努力完成媽媽所指定的目標中磨練了自己的忍耐力，她闖過了高中入學考、大學入學考、大學畢業，最後她終於無法忍受了，她感受不到快樂和自我價值，所以選擇了自我毀滅。

被侵蝕的人格和靈魂

　　阿強是個優秀的男人，不過這只是在外人看來如此，他自己並不這麼認為。最近，阿強的家裡出了點事，他的妻子向他提出了離婚。阿強沒有得到女兒的撫養權，他的女兒願意跟著妻子，在妻子的逼迫下，阿強將家裡僅有的一間 24 坪的房子分給了妻子，他自己淨身出戶。

　　在阿強結婚前，他的父母出了一些錢，再加上阿強自己存的錢，才在城市買了一間 24 坪的小房子，後來房價猛漲，這間小房子雖然不大卻很值錢。現如今，阿強怎麼也買不起一間這樣的房子了。剛結婚時，由於房子是阿強出錢買的，所以一直登記在阿強名下。沒過幾年，阿強在妻子的要求下在房屋權狀上加上了她的名字。當妻子提出加名字時，阿強沒有反駁。

　　後來妻子提出要出國讀博士，阿強只能同意，他自己撫養女兒，其中的辛苦只有他自己知道。妻子回國後，阿強本以為自己的生活終於開始步入正軌了，但妻子對他的態度卻發生了轉變。妻子每天都在和阿強鬧，說兩人儘管一起生活

了許多年，但一直存在很多摩擦，而且雙方都無力解決，最後妻子向他提出了離婚。像往常一樣，阿強輕易順從了妻子的離婚要求，在爭奪女兒撫養權的時候，阿強也沒有盡力，當女兒提出要和媽媽一起生活時，阿強只能搬出來，他不可能讓女兒露宿街頭。

　　接近中年的阿強一下子成了無家可歸的人，他沒有地方可以去，也沒有人可以投靠，當他拖著行李箱從曾經的家中走出來的時候，他感覺自己好像被全世界遺棄了。他拚命對妻子好，凡是妻子提出的要求都一一應允，卻還是落了個離婚的下場。

　　心中憤懣不已的阿強來到了一家酒吧，他決定今晚好好放縱自己，進入酒吧後，阿強選擇了一個角落，獨自坐下喝酒。阿強沒想引起任何人的注意，只想獨自喝酒解解悶，但一個陪酒小姐卻注意到了角落裡的阿強，她主動向阿強走來並和他打招呼。阿強本沒有打算理會她，但後來阿強在她的主動下開始和她聊起來。後來阿強就這樣淪陷到了一段新的感情中，他們住在了一起。

　　阿強的工作很體面，收入也不錯，是外商的中階管理人員，在外人看來阿強有著光鮮的工作，即使離婚了，也沒必要陷入一份這樣的感情中。阿強卻覺得和她在一起很舒服，他們經常躺在租屋的床上，向對方傾訴各自不堪的往事，阿

強很享受這樣安靜而舒適的生活。那段時間，這位女子幾乎是阿強的精神支柱，讓他覺得生活還有意義。

沒過多久，女子告訴阿強，她的父母病重，急需用錢住院治療，她開口向阿強借了十萬塊錢。當時阿強也覺得她不會還錢，這十萬塊錢就相當於送給她了，但阿強還是什麼都沒說就給了她這十萬塊錢，當時女子流著眼淚對阿強說：「你真好。」之後，就從阿強的生活中消失了。阿強心裡很明白，她就是在騙自己，在敲了一筆後就消失不見，但阿強並沒有因欺騙而感到憤怒和痛苦，他覺得自己孤家寡人一個，要錢也沒用。有了這次教訓之後，阿強決定遠離酒吧，開始將重心轉移到工作上來。

與此同時，阿強的職業生涯似乎也遭遇了瓶頸期，他不想辭職，可升職又遙遙無期，只能在公司裡尷尬地待著。在公司裡，阿強總是小心翼翼地和同事們相處，唯恐得罪人。剛到公司時，阿強覺得自己總是不小心說錯話，惹得一些同事很不高興，可他又不知道該如何彌補。後來他覺得自己缺乏成年人必備的圓滑，於是他養成了觀察他人喜好的習慣，然後在聊天的時候有意無意地採取針對性措施，當對方哈哈大笑的時候，阿強緊繃的神經就會放鬆。

但讓阿強很苦惱的是，他沒有得罪任何一個人，總是按照對方的喜好做出妥協，可每逢遇到好事時，自己總是被忽

略的那一個，沒有人會想到自己，反而馬虎隨便的同事總能輕易得到自己費盡心思也得不到的機會。

作為公司的一名中階管理人員，阿強好歹也算是個小主管，但手底下的人卻根本不把他放在眼裡。阿強自認為自己對待下屬很民主，十分注重傾聽下屬的意見，他以為這樣可以得到下屬的尊重和忠心，可是下屬們卻對他很不服氣，甚至還有人到大主管那裡去打他的小報告，害得阿強被大主管責罵。下屬們都不尊重阿強，很大一部分原因是他們知道阿強好說話，即使得罪他也不會有什麼嚴重的後果。

最近公司換了一個新老闆，新老闆很喜歡開會，這可難倒了阿強。阿強作為管理層中的一員，自然要負責組織會議和發言，但阿強很害怕發言，他擔心自己說錯話得罪老闆。於是每次開會的時候，阿強都會仔細聽老闆發言，生怕錯過任何一個訊息。阿強想從老闆的發言中推測出老闆會提什麼樣的問題，這樣等他發言的時候也好有個心理準備。但阿強發現自己這樣做反而容易分神，過度緊張讓他無法聽清楚老闆說的話。

當老闆要阿強發言時，阿強立刻慌了，語無倫次，舉止扭捏，很快老闆就不耐煩起來，這讓阿強更慌了，他覺得新老闆肯定不會看好自己了。從那以後，阿強在公司的日子變得越來越艱難，新老闆不看好他，下屬們也不尊重他，後來

他發現就連公司新來的實習生都不把他放在眼裡了。這讓阿強覺得非常痛苦，卻不知道如何改變現狀。

　　阿強顯然是情緒勒索中的受害者，他已經將妥協和取悅別人變成了自己的習慣。每當他看到有人不高興時，不管這個人是他的妻子、女兒，還是同事以及剛剛認識的陪酒女子，他的反應都是小心翼翼地維護對方的感受和情緒，想辦法討好對方，似乎如果對方不開心，那責任就全在他身上。

　　凡是和阿強有過接觸的人，都會發現他身上努力想要討好所有人的這一特質，所以阿強無法得到他人的尊重，就連下屬和實習生也不把阿強放在眼裡。因為在他們看來，阿強是一個會主動做一些事情取悅他人的人，只要他們表現出生氣的態度，甚至只是稍稍有些不滿意，阿強就會盡量滿足他們的要求。

　　每個受害者都會在情緒勒索的關係中感受到痛苦、委屈，可是當他們發現自己無法改變現狀，只能選擇接受時，就會將情緒勒索的互動模式合理化，例如告訴自己勒索者是為了自己好。而合理化會使受害者養成取悅他人的習慣，長此以往他與人相處的模式就會固化成勒索模式，從而慢慢侵蝕自己的人格和靈魂，使得自己在處理所有人際關係時，都自動化調整為勒索模式。最後受害者就會變成我們通常所說的濫好人，完全沒有自我，也無法得到他人的尊重。

　　當情緒勒索入侵了一個人的人格時，那麼他就會養成習慣性討好的性格，而受害者為了不被痛苦折磨，會告訴自己這是一種美德。於是受害者越來越無法意識到自己人格中的缺陷，乃至影響到婚姻、職場等諸多方面的順利發展。

　　對於阿強來說，他十分討厭爭執的出現。每當他與周圍人發生衝突時，他的第一反應不是努力為自己爭取利益，告訴對方自己的底線是不可觸碰的，而是努力躲開爭執和對方的怒火，他認為這樣就能皆大歡喜，實際上阿強只是在逃避壓力和矛盾，他所獲得的安靜只是暫時的。

　　為了減少衝突而取悅對方，對阿強來說或許是一種生存策略，可這恰恰容易導致情緒勒索變本加厲。當勒索者發現受害者是個毫無底線的人，不論他怎麼對待受害者，受害者都不會生氣，不會去努力爭取自己的權利時，勒索者就會變本加厲地向受害者勒索，所提出的要求也會越來越不合理，而受害者只能習慣性地做出讓步。例如當妻子提出要在房屋權狀上加上自己的名字時，阿強不想與她發生爭執，就同意了；當妻子提出想要出國留學，將女兒留給阿強一人照顧時，阿強也同意了；當妻子提出離婚，並要阿強淨身出戶時，阿強為了不與妻子產生爭執也只能同意。

　　受害者習慣性的讓步和妥協只會讓勒索者的要求越來越過分，因為受害者的反應無法讓他知道自己的行為是過分

的，要求是不合理的。當勒索者已經習慣了情緒勒索式的相處模式時，他就容不得受害者反抗了，勒索者已經自動剝奪了受害者表達意見的權利，受害者也習慣了放棄自己的想法，放任自己的人格和靈魂被勒索者蠶食掉。

第七章　走出傀儡般的困局
── 擺脫情緒勒索

與情緒勒索者保持距離

　　謝朋從小學業成績優異，是個讓父母很驕傲的孩子，他曾是某市大學入學考理科狀元，後被某大學錄取。大學畢業後，王猛又成功申請到美國一所名校的研究所。然而，王猛已經有 12 年沒回家過春節了，6 年前他甚至和父母切斷了聯絡，現如今王猛決定與父母徹底決裂，他寫了一封一萬五千餘字的長信，並發給了朋友和同學。

　　信中王猛說自己是個內向、敏感、不善交際的人，還有很嚴重的心理問題，而導致這一切的源頭正是他的父母。他從未獲得過父母的關愛，父母對他只有肆意的操控，並拿他來向親戚朋友炫耀。

　　王猛提到母親一直想要個女兒，自從生下王猛這個兒子後就一直不肯認同他的性別，在他兩、三歲的時候還總會將他打扮成女孩，幫他穿裙子，在他面前對自己想像中的女兒「芽芽」說話。王猛的母親對兒子有著瘋狂的掌控欲，在王猛該被送去幼稚園的時候，她還一直將王猛關在家裡，並按照自己的喜好包辦兒子的所有事情，比如王猛必須按照她的喜

好來穿衣打扮。讓王猛印象最深刻的一次，是在小學二年級的時候，班上文藝表演要求穿齊膝短褲。王猛將老師的要求告訴母親後，母親卻堅持要他穿長褲去上學，王猛提出要帶短褲備用，也遭到了母親的拒絕。結果王猛被班導師當眾訓斥，這讓他的尊嚴受到了極大的傷害。

小學五、六年級時，王猛開始對奧數感興趣，他還獲得了去市裡上奧數班的機會，但母親並不樂意，不想讓王猛去。有一次，王猛去上奧數班，卻怎麼也找不到自己經常帶去的資料夾，後來他找到了，資料夾已經被劃壞並塗抹。回到家後，王猛將此事告訴了母親，母親不僅沒有安慰他，反而自鳴得意地說：「這下你應該知道外面的世界很『精彩』了吧！」

在王猛看來，父母從來不會保護他，也從不在意他的心理健康，只想著如何控制他，如何逼他就範。當王猛受到欺負去尋求父母的保護時，父母的反應總是很冷淡，甚至是無動於衷，或者要王猛從自己身上找原因。

小學時王猛曾遭到過校園霸凌，當他將此事告訴母親時，母親不僅沒有站出來保護他，還要他自己去告訴老師，並囑咐他一定要哭著說，這讓王猛覺得既傷心又憤怒。王猛還經常因不會剝雞蛋遭到親戚的取笑，王猛希望父母能出面幫助或制止，可是父母沒有這麼做。後來王猛因長期被嘲笑

變得焦慮起來，甚至總是忍不住摳指甲。每當父母看到王猛摳指甲時就會指責他染上了壞毛病，而不想想他為什麼會染上這個壞毛病。

　　到了高中時，王猛希望能到外地的學校去上學，但父親卻強制要求他在當地學校上高中，王猛依舊無法擺脫父母的控制。後來學校提出要以部分好學生來帶動落後學生成績的策略，於是王猛被班導師調到了後排，周圍都是對學業滿不在乎的落後學生。王猛覺得自己成了班導師帶動落後學生的工具，因為他發現許多功課好的學生並沒有被要求帶動落後學生。

　　王猛將自己被班導師調去和落後學生坐在一起的事情告訴了父母，他希望父母能出面去和校方談談，將他的座位和落後學生調開。但王猛沒想到的是，父親不僅不理解他，反而將他痛罵了一頓：「坐在一起會有什麼影響？只有最卑賤的狗才會想要什麼公平！」母親則勸他說：「你要學會和別人相處，你怎麼對學校的安排有這麼多的意見？」王猛覺得父母永遠不會關心自己，不會站在自己的立場思考，只會將所有的責任都推卸給他自己，好像不論有什麼錯誤，永遠都是王猛自己的錯。

　　大學入學考過後，王猛考上了知名大學，他一下子成了當地的名人，學校還專門拉布條慶祝他考上知名大學。王猛

本以為會得到父母的誇讚，但父母卻揚揚得意地對他說：「你總覺得學校對你不公，可當你考上大學時，學校卻為你拉布條慶祝。」

在快開學的幾天前，父母不顧王猛反對，強制帶他去參加了一次旅遊。旅行團是由公司裡的幾家人組成的，都是父母的同事。一路上，王猛母親一直在不停地炫耀自己教育孩子的方式，還宣揚自己在教育孩子的時候如何辛苦。這導致許多人都很不舒服，王猛則覺得非常難堪。

中途，導遊在安排住宿的時候，當著所有人的面拿王猛開了一個過分的玩笑：「考上知名大學的頂尖學生和兩個小女生一起住，如何？」那兩個小女生是父母同事的女兒，剛剛小學畢業。當時的氣氛立刻變得非常尷尬，王猛羞愧得恨不得馬上離開，不知所措的王猛當時十分希望父母能站出來幫自己一把，可是他的父母沒有幫他說話。回到房間後，王猛問父母導遊為什麼開這麼過分的玩笑，但王猛不僅沒有得到安慰，反而被母親大罵了一頓。第二天，工猛的父親對他說：「你馬上要出去讀書了，會經常遇到別人亂說話之類的事情。」父親的言外之意是，閒言碎語很常見，王猛只能忍受。

王猛本以為自己考上大學後，就能遠離家鄉、父母，父母再也無法控制他的生活。但讓王猛沒想到的是，父母在王猛離開家之前向親戚打了一個電話。王猛的大姨在大學的所

在城市，父母請她多多照顧一下王猛。所以自從王猛來到大學後，就經常接到大姨的電話，大姨甚至偷偷向他的同學詢問他的情況。在父母看來，託人照顧一下遠在異地的兒子是一件再正常不過的事情，但對王猛來說，這是一種控制。王猛的父母並未將孩子當成一個獨立的個體去尊重和看待，王猛只是他們可以操作的玩偶，是向親戚朋友炫耀的工具。因為根本不把王猛當成一個完整的人來看待，所以他們根本不在乎王猛的想法、感受，更談不上對他的尊重了。

　　情緒勒索者都是心理上的溺水者，他們沒有愛的能力，無法做到考慮對方的感受，只會牢牢抓住、控制住對方，從而導致受害者也陷入心理溺水的困境。因此受害者想要擺脫情緒勒索的傷害，就必須要有自我保護意識，不給對方傷害自己的機會，最好的做法就是遠離勒索者。王猛不回家過春節，切斷了與父母的聯絡，甚至最後與父母決裂，在許多人看來他做得未免太過決絕，但這對王猛來說或許是最好的選擇，我們沒有經歷過王猛的痛苦，所以很難懂得王猛內心所受的煎熬。

　　我們身處的社會裡，總是會有人習慣性地凌駕於道德的制高點來指責和抨擊他人，而許多情緒勒索中的受害者往往會因此被人指責和抨擊。有這樣一則新聞，一位八十多歲的智障老人走丟了，記者得知後去老人的兒子家進行採訪，她一進門就對老人已經六十多歲的兒子進行指責，說他沒有

盡到為人子的義務，甚至說他不孝順。但六十多歲的兒子卻說：「女孩，你還年輕，等你活到我這把年紀後就知道每一個人都不容易，我照顧了我媽四十多年，其中的辛苦不是三言兩語就能說清的。如果事情放到你身上，你未必有我做得好。」

在情緒勒索的互動模式中，受害者之所以會深受情緒勒索的傷害，就是因為他很容易被勒索者所控制，例如勒索者能輕易促動起受害者的內疚心理，從而迫使受害者屈服。所以當受害者發現自己根本無法改變勒索者或者無法改變雙方之間的情緒勒索模式時，最好的辦法就是遠離。

遠離情緒勒索者看起來十分容易做到，實際上卻很困難，有多少孩子像王猛一樣深受父母情緒勒索的傷害，卻無法像王猛一樣遠離父母。勒索者之所以能對受害者進行情緒勒索，是因為他們之間存在著親密的關係，否則情緒勒索無法形成，而且從某種程度上來說，受害者根本無法離開勒索者，他從心理上渴望勒索者的陪伴。

在病態的共生關係中，勒索者會將受害者變成自己的附屬品，一個無法脫離他獨自生活的人。例如在親子關係中，父母會限制孩子人格的自由發展，將孩子塑造成一個完全因自己認可而存在的人。這樣一來，勒索者就滲透到了受害者的人格之中，當受害者想要遠離勒索者時，他就會覺得痛

苦，甚至會面臨著重塑人格的困境。但受害者要明白，這份痛苦是自己形成獨立人格所必須要經歷的，就如同將傷口上的腐肉刮去，傷口才能長出新肉，傷口才有可能痊癒一樣，而刮去腐肉的過程必然是痛苦的。當然也不是所有受害者的「逃離」都會這麼痛苦，不過疼痛是在所難免的，需要受害者鼓起勇氣。

你應該是自己的主人

　　佳佳是個獨生女，她在某城市上大學，畢業後就留在了當地工作，只有逢年過節的時候才會回家與父母團聚。一天，佳佳接到媽媽的電話，媽媽告訴她，爸爸的冠心病更嚴重了，她一個人照顧爸爸很辛苦，想要搬過來和女兒一起住，而且城市的醫療環境也很好。佳佳覺得自己應該照顧好爸爸媽媽，於是就想將他們接過來與自己同住，不過佳佳也非常擔心，她擔心媽媽會過多地干涉自己的生活，畢竟她已經有 10 年的時間沒有與父母一起生活了，如果和爸爸媽媽一起居住，一定會產生許多衝突。

　　佳佳的媽媽和所有的媽媽一樣，不會和孩子保持距離，更不會給孩子空間和自由，她覺得孩子的人生就是自己的人生，她對佳佳的照顧事無巨細，小到穿衣戴帽、飲食起居，大到找男朋友或找工作，媽媽都會參與其中。她覺得女兒的人生就需要自己來出謀劃策，自認為自己提的意見都是為了女兒好，女兒必須聽從，否則她就會因女兒辜負了自己的一片好意而感到憤怒。

　　因為從小所有的事情都被媽媽管著，佳佳總覺得媽媽操控著自己的一切，所以深感不滿，長大後她變得非常叛逆，凡是媽媽的意見她一律不聽。

　　在大學入學考後填志願時，她選擇了離家最遠的某城市，就是想要遠離媽媽的控制。隨著年齡的增長，佳佳不再叛逆，也不再像以前那樣事事和媽媽對立。佳佳漸漸了解了父母的不容易，但她依舊不願意和父母一起住，她甚至開始思考自己究竟是否需要為父母的人生負責。最終佳佳決定和父母好好談談這件事。佳佳告訴父母，她無法和他們一起生活，就算勉強在一起生活，她大概也只能堅持一個星期。

　　佳佳當然會協助父母、孝敬父母，但這並不意味著她要為父母的餘生負責，因為那樣會讓佳佳覺得很累，她會忍不住埋怨父母，到時候雙方之間的關係會更糟糕。佳佳的父母覺得女兒說得很對，他們決定尊重女兒，雖然會來城市，但會另租房子，各自住在不同的公寓裡，彼此之間相互照顧、支持，卻又不影響彼此的生活。

　　一個人首先要對自己負責，才能對其他人負責。而對自己負責的前提是尊重、重視自己的感受、情緒，否則就無法感受到自我的價值。如果一個人的人生永遠在為他人負責，將他人的人生扛在自己的肩上，那麼他會因為不斷幫助別人而讓自己內心的能量慢慢枯竭，他會覺得委屈，會暗自埋怨

對方，不僅會讓自己活得很累，還會破壞雙方本來正常、健康的關係。

做自己的主人，對自己負責並不意味著我們不會對他人負責，而是希望他人能尊重自己，希望他人在向我們提出要求的時候，能考慮到我們的感受和情緒，能用商量的態度和我們探討，在徵得我們同意的情況下，再來滿足他的要求，而不是透過情緒勒索的方式逼迫我們答應他的要求，好像滿足他的需求就是我們的責任和義務一樣，容不得我們拒絕。總之，我們不能將他人的人生扛在肩上，我們只有在做到對自己負責的同時，才能去幫助別人，因為重視自己的感受是每一個人最大的責任，只有這樣，我們才有能力對他人負責。

小靜是某大學的學生，因長得漂亮所以有許多的追求者。最近，小靜遇到了一個令她十分頭痛的追求者，他名叫阿峰。小靜已經明確拒絕過阿峰了，阿峰卻不肯放棄，一直糾纏小靜。當阿峰再次遭到小靜的拒絕後，為了發洩失戀的痛苦，他一夜之間揮霍掉了 50,000 元，後來他來到小靜所在的宿舍大樓下大聲叫喊：「被你拒絕後，我很痛苦，求求你做我的女朋友吧，不然我就只能去死了！」

一時間，宿舍大樓周圍聚集過來了許多圍觀者，小靜希望阿峰能盡快離開，但阿峰根本沒打算離開，他努力爬到了

宿舍大樓旁邊的大樹上，揚言如果小靜再不出來，他就從樹上跳下去自殺。

阿峰明顯是在用自殺來威脅小靜，小靜覺得非常為難，她根本不想答應阿峰的求愛，卻被阿峰逼得無法拒絕。而且圍觀者那麼多，如果小靜當眾拒絕阿峰，阿峰真的從樹上跳下來，她一定會遭到許多人的譴責。其實人群中已經有人在議論小靜的冷漠了：「你看看阿峰的樣子，他都已經在樓下等了半夜了，小靜怎麼都不理他呢？小靜你趕緊下來和他說句話吧，阿峰都要為你自殺了，你還忍心不理他嗎？」

這個時候，如果小靜答應了阿峰的要求，便可以暫時解決問題，讓阿峰免於自殺，她自己也可以免於被眾人議論。但這並沒有真正解決問題，日後阿峰一定還會對她進行情緒勒索，他們之間情緒勒索的戲碼還會上演。而且阿峰能從這次成功的情緒勒索中掌握住小靜的弱點，也會在下一次情緒勒索中利用這個弱點逼迫小靜就範。

如果小靜在當時能抵制住阿峰強加給自己的壓力，選擇拒絕，明確表示阿峰應該為他自己負責，他自殺與否與自己並無關係，滿足阿峰的要求也並不是她的責任和義務，那麼就算小靜因此承受很大的壓力，也不會因陷入情緒勒索而承擔更糟糕的後果。

我們每個人都有自己的人生義務和責任，我們只能為自

己負責，做自己人生的主人，沒有人能夠代替我們過好自己的人生，同樣，我們也無法代替任何人去過好他們的人生。即使我們和一個人的關係十分親密，我們也無法做到為他負責，我們更不需要犧牲自己的感受和情緒來迎合他人。

在心理學家歐文·亞隆（Irvin D. Yalom）的一部小說《媽媽和生命的意義》（*Momma and the Meaning of Life*）中，主角雖然已經垂垂老矣，但還是無法擺脫母親的控制。他在瀕死狀態下恍惚回到了童年時期，他在一個陽光燦爛的遊樂園裡朝著媽媽揮手，並大喊道：「媽媽，我表現得怎麼樣？」

情緒勒索的相處模式最先可能發生的地方就是原生家庭，因為原生家庭是每個人最初的社會支持系統，是我們最先學會的人際互動模式。父母對年幼孩子的控制力非常強大，因為每個孩子都渴望得到父母的認可，而早期與父母的相處方式會影響到孩子成年以後與他人相處的方式。如果一個人從小在情緒勒索的人際互動模式下長大，那麼他長大後極有可能會成為一個不敢拒絕他人的成年人，很容易使自己陷入情緒勒索的戀愛關係或友情關係中。

由於年幼，每個孩子對自身和外界的理解都只能依靠父母，如果能得到父母的積極回饋，我們會漸漸成長為一個自信的人，很容易和他人展開一段正常、健康的關係；相反，如果我們無法得到父母的積極回饋，我們就會懷疑自己，進

行自我批判和改造，從而變成一個忽略自我、總是照顧別人情緒和感受的人。當一個人總是放棄表達自己真實需求的權利時，他就只能在抑制自己的憤怒中將一切過度的勒索合理化，將自己的負面情緒進行自我內部消化，並漸漸憂鬱。

情緒勒索通常會為受害者帶來兩方面的傷害：一方面是受害者總是被迫照顧勒索者的感受，忽略自己，而帶來的痛苦和壓抑。另一方面是受害者會漸漸發現勒索者並不是真的愛自己、關心自己，他只是為了滿足自身需求而罔顧受害者的感受。其實當受害者發現勒索者並非真的愛自己、關心自己時，也就意味著他要脫離對方的情緒勒索了。

當一個人堅持做自己人生的主人，堅持為自己負責時，他就會產生自我價值感和成就感，會覺得自己是自願幫助別人；但在情緒勒索的模式中，受害者是在被迫為勒索者負責，這是勒索者強加給他的義務，被勒索者也認為這是他應該做的，且必須做到的，否則他就會遭到勒索者的責難，自己也會陷入愧疚和無能感之中。

為自己負責是我們一生中最重要的事情，重視自己的感受與情緒，使自己的需求得到滿足，這是我們人生中最關鍵的義務。只有做到為自己負責，我們才能擺脫情緒勒索，而不至於為了滿足他人的期待而活。當然，為自己負責的前提是不傷害他人的合法權益。

掌握分寸，守住界線

　　麗麗和小慧的關係十分要好，是無話不談的閨密，她們從大學時期就一直同住在一個宿舍，畢業後又到了同一個城市工作。在陌生的城市，身邊有閨密的陪伴，她們很快就成為彼此在陌生城市的依靠，關係好得親如姐妹。

　　在麗麗結婚後不久，小慧告訴她，她和談了 5 年的男朋友分手了。看到閨密如此傷心、難過，麗麗覺得自己有義務去安慰她、陪伴她。為了安慰小慧，麗麗經常拋下新婚的丈夫陪著小慧逛街、散心，還常常邀請小慧到家裡來做客。

　　在閨密的陪伴下，小慧漸漸走出了失戀的陰影，她很感謝麗麗幫助自己走過了最困難的日子，她總是對麗麗說：「你真是全天下最好的閨密。」不過小慧並沒有勇氣展開一段新的戀情，她害怕受傷。

　　工作之餘，小慧總是拿散心當藉口，拉著麗麗去逛街，或陪她旅遊。起初麗麗覺得小慧剛失戀，就總會順著小慧，答應她的種種要求，可後來麗麗覺得小慧將自己的業餘時間都霸占了，她根本擠不出時間陪丈夫，麗麗就開始拒絕小

慧。但小慧絲毫不考慮麗麗的感受，總說她見色忘友，有的時候甚至會當著麗麗的面哭起來，麗麗心一軟就會妥協，答應小慧的要求。可越是這樣，小慧就越依賴麗麗，經常打擾麗麗的生活。

每逢週末，麗麗都想和丈夫好好過一下二人世界，但小慧經常不打招呼就提著菜來到麗麗家，說要和他們一起吃飯，麗麗的丈夫為此很生氣，他覺得小慧已經入侵到他們的夫妻關係中，為此丈夫常常和麗麗吵架。麗麗也覺得很為難，卻礙於情面不敢對小慧說什麼。

有一天，當小慧沒有提前打招呼就來到麗麗家時，麗麗的丈夫決定不再忍受，於是直接對小慧說：「請你以後不要老往我們家跑，我們有自己的日子要過，你也有自己的生活。」小慧覺得這是麗麗的教唆，她在和麗麗大吵了一架後離開，從那以後小慧再也沒有去找過麗麗，曾經的好閨密鬧得不歡而散。

人與人之間的相處需要界線，雙方之間的關係再親密，也需要保持一定的距離，給對方一定的空間，也就是說人人都需要界線感，沒有界線感的互動模式很容易促成情緒勒索的出現。在情緒勒索的互動模式中，勒索者從不會給受害者空間和自由，他會不斷地入侵受害者的生活，受害者常常因這種入侵而感到不舒服，如果受害者不好意思拒絕，或者無

法堅守住自己的界線，那麼他就無法擺脫情緒勒索。

沒有界線感的人很容易被他人的情緒所左右，會為了滿足他人的要求而不斷做出妥協和犧牲，一旦對方表達出不滿，他就會因習慣性愧疚而再次妥協。在上述案例中，麗麗就是一個沒有界線感的人，她覺得自己是小慧的閨密，小慧失戀了，很痛苦，她就應該犧牲自己的新婚生活去安慰小慧。這導致小慧越來越依賴麗麗，無法離開麗麗，一旦麗麗不陪她散步或旅遊，她就會覺得痛苦，會指責麗麗，甚至哭起來。麗麗則會覺得很愧疚，於是再次妥協。最後麗麗只能不斷地滿足小慧，兩人陷入了情緒勒索的相處模式中，麗麗覺得很為難，小慧也無法擺脫對麗麗的依賴，無法展開一段新的戀情。

在現實生活中，責任感太強的人往往很難有界線感，例如電視劇中的樊勝美就是一個不會和家人保持界線的人，因此她只能陷入情緒勒索的模式中。她自己覺得痛苦，因為她一直在付出和犧牲，而她的家人們對她的依賴性也越來越強，最後成了一群只會吸血的寄生蟲。每當哥哥闖禍的時候，樊勝美都會替他收拾爛攤子，最後她實在扛不住了。曲筱綃在看到樊家的情況後直接點破了樊勝美多年的困境：「你們這一家子真夠黏黏糊糊的，你必須和他們劃清界線。」

所謂界線感，就是指一個人主動與他人拉開距離，建立

一個範圍，讓對方知道他不能入侵到這個範圍內，否則自己會不舒服。如果一個人沒有界線感，他很容易就會受到他人情緒的影響，甚至分不清他人的情緒和自己的情緒，覺得自己應該為他人的情緒負責。例如樊勝美會因母親的哭訴而感到恐懼和愧疚，她已經分不清自己的情緒與母親情緒之間的界線，覺得只要母親不舒服，她也會不舒服。

　　每個人都應該為自己的情緒負責，也只能為自己的情緒負責。情緒勒索者的慣用思考模式是，一定是受害者做錯了什麼，才導致他如此生氣和難過，所以受害者必須為他的情緒負責，也就是說，是對方的言行引發了他的情緒，對方就得負責。這是許多人都有的想法，覺得自己情緒的出現一定受到了某件事的觸發，從而將責任都推卸給對方。

　　同樣一件事情，不同的人會有不同的情緒反應。例如一個人被另一個人踩了一腳，他覺得腳很痛，會生氣，抱怨一下，但如果對方道歉了，他的情緒會立刻緩解，不再計較，這是正常人都會有的反應；可如果是個特別容易暴怒的人，他的情緒不會因為一句道歉而緩解，他可能會和對方打一架，最後甚至鬧到警察局裡去。同樣是被踩一腳，不同的人卻出現了不同的情緒反應，因此情緒出現的根本原因並不是別人給的，我們每個人都只能為自己的情緒負責。

　　在情緒勒索中，勒索者通常無法為自己的情緒負責，所

以才會將責任都推給受害者。受害者如果也認為自己應該安撫勒索者的情緒，那麼他們之間的互動模式就會變成情緒勒索，因為不論是勒索者還是受害者都沒有界線感。

建立屬於自己的界線感，目的並不是為了讓我們成為一個自私的人，而是在於保護自己。當我們做錯一件事情引起他人不快時，我們自然要承擔屬於自己的責任，但這並不意味著我們要為他人的情緒負責，也不意味著對方可以利用這個錯誤來對我們進行情緒勒索。

界線感可以讓我們重視自己的感受和需求，從而在與人相處的過程中保護好自己。而且界線可以隨時調整，當你想要拉近與他人之間的關係時，你就可以將界線範圍調整得小一點，多替對方著想，這是你因為愛而主動做出的讓步和妥協，你不會覺得不舒服，更不會有委屈、痛苦的感覺。

電子書購買

爽讀 APP

國家圖書館出版品預行編目資料

披上愛的外衣進行傷害，從心理學角度剖析親密關係中的精神控制：身為不敢拒絕的老好人，總是忍不住想要討好人？拒絕情緒勒索，走出傀儡困局！/ 李娟娟 著 . -- 第一版 . -- 臺北市：崧燁文化事業有限公司 , 2024.07
面；　公分
POD 版
ISBN 978-626-394-517-3(平裝)
1.CST: 人際關係 2.CST: 心理學 3.CST: 生活指導
177.3　　113009751

披上愛的外衣進行傷害，從心理學角度剖析親密關係中的精神控制：身為不敢拒絕的老好人，總是忍不住想要討好人？拒絕情緒勒索，走出傀儡困局！

臉書

作　　者：李娟娟
責任編輯：高惠娟
發 行 人：黃振庭
出 版 者：崧燁文化事業有限公司
發 行 者：崧燁文化事業有限公司
E - m a i l：sonbookservice@gmail.com
粉 絲 頁：https://www.facebook.com/sonbookss/
網　　址：https://sonbook.net/
地　　址：台北市中正區重慶南路一段 61 號 8 樓
8F., No.61, Sec. 1, Chongqing S. Rd., Zhongzheng Dist., Taipei City 100, Taiwan
電　　話：(02) 2370-3310　　傳　　真：(02) 2388-1990
印　　刷：京峯數位服務有限公司
律師顧問：廣華律師事務所 張珮琦律師

-版權聲明

定　　價：350 元
發行日期：2024 年 07 月第一版
◎本書以 POD 印製

Design Assets from Freepik.com